AF324252

MEDITACIÓN SOBRE LA PENA DE MUERTE

AGUSTÍN BASAVE FERNÁNDEZ

MEDITACIÓN
SOBRE LA
PENA DE MUERTE

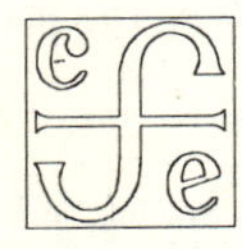

**COMISIÓN ESTATAL DE DERECHOS HUMANOS
DE NUEVO LEÓN**

FONDO DE CULTURA ECONÓMICA
MÉXICO

Primera edición,   1997
   Primera reimpresión, 1998

D. R. © 1997, Comisión Estatal de Derechos Humanos de Nuevo León
Av. Morones Prieto Pte., 2110-2, Edif. Manchester,
Col. Loma Larga, Monterrey, N. L.

D. R. © 1997, Fondo de Cultura Económica
Carretera Picacho-Ajusco 227; 14200 México, D. F.

ISBN 968-16-5142-1

Impreso en México

A la ilustre UNIVERSIDAD DEL SALVADOR
(Buenos Aires, República Argentina),
que me honró con el grado académico
de *doctor honoris causa*
y con el título
de *profesor honorario*

A mi inolvidable amigo
el doctor ISMAEL QUILES, S. J. (†)
en testimonio de alta estimación intelectual,
de viva gratitud y de sincera admiración
al ilustre orientalista y al filósofo creativo

Al profesor y doctor Ivo HÖLLHUBER,
austriaco universal, filósofo *ex veritate*
y amigo *ex corde.*
En testimonio de gratitud al primer europeo
que comprendió y difundió mi obra filosófica

Al profesor y doctor ALAIN GUY,
el más insigne conocedor francés
de la filosofía española
y de la filosofía latinoamericana.
En testimonio de gratitud
a mi noble amigo y prologuista

PRÓLOGO

No soy partidario de prolijos discursos antepuestos al cuerpo de la obra en un libro de cualquier clase, para dar noticia al lector del fin de esa obra o para hacerle alguna otra advertencia. Me limitaré, en apretado resumen, a ofrecer las características esenciales y el designio primordial en mi *Meditación sobre la pena de muerte*.

La investigación emprendida presenta un enfoque pluridisciplinario; pero priva la meditación filosófico-jurídica. Aun así, no he podido ni he querido prescindir del auxilio de las perspectivas teológica, estadística, criminológica y sociológica. Al final de cuentas, lo que importa no es tanto la pureza del método, sino el resultado obtenido en la investigación, por diversas vías de acceso a la verdad.

La presente obra contiene seis capítulos. Empiezo por plantear el principal problema de la investigación: ¿licitud o ilicitud de la pena de muerte? Es preciso examinar —y así lo hago— el fundamento de la justicia penal, la razón o sinrazón de la corriente abolicionista y la pena de muerte considerada ante la recta razón. Sentados estos preámbulos necesarios, primero estudio los derechos humanos y, en particular, el derecho humano a la vida. Era natural examinar los fundamentos filosóficos y teológicos que presentan los abolicionistas y los partidarios de la pena de muerte. Por el destacado lugar que ocupa la tradición de los partidarios de la pena de muerte, presento un texto de Santo Tomás y la crítica personal a ese texto. Me pareció interesante confrontar la posición de san Agustín con la de Santo Tomás frente al problema de la pena de muerte. Adopto mi propia posición y señalo la superioridad axiológica de la doctrina agustiniana sobre la doctrina tomista.

Si se trata de una supuesta pena, es menester buscar el sentido de la penología y concluir con el sentido o sinsentido de la pena de muerte. No se puede desconocer la historia de la pena de muerte, aunque se trate —como en mi caso— de un estudio primordialmente sistemático y no histórico; en consecuencia, no emprendo una historia de la pena de muerte, pero examino el problema de la pena de muerte en la historia. Al vivir en México y ser mexicano —aunque intente ser mexicano universal— he considerado la pena de muerte en México: historia y doctrina. El estudio de la pena de muerte en la historia termina con las grandes declaraciones históricas sobre dicha pena y con ésta en el nuevo *Catecismo de la Iglesia católica*.

Tras una apasionada y apasionante búsqueda de la verdad sobre las razones que asisten a los abolicionistas y a los mortícolas, opté por escribir el último capítulo acerca de la pena de muerte ante el derecho intrínsecamente justo. Ante todo, urgía esclarecer el fundamento y esencia del derecho natural, para juzgar la pena de muerte bajo la luz iusnaturalista. Finalmente, en este libro explico mi tesis fundamental: la intangible dignidad óntico-axiológica de la persona humana y de su derecho a la vida y a la integridad corporal. Por no distinguirse clara y rigurosamente la esfera óntico-axiológica de la esfera moral, se ha incurrido en lamentables errores doctrinales, con trágicas consecuencias prácticas. En el estudio profundo de la dignidad en la esfera óntico-axiológica de la persona humana, descubro tres notas constitutivas, fundamentales e inalienables: *deiformidad, teofanía* y *teotropismo*. Ningún delincuente, por perverso y abyecto que sea, puede dejar de ser persona humana, *deiforme, teofánica* y *teotrópica*. Estas características esenciales de la dignidad humana no pertenecen al comportamiento moral, bueno o malo, inocente o culpable, lícito o ilícito. Los vaivenes de la vida moral del hombre no alteran la estructura permanente ni la intangibilidad de la dignidad personal. Tras esta consideración fundamental viene el acopio de razones para respetar siempre la vida humana, para no matar —salvo el caso de legítima defensa— y para demostrar la criminosidad, la inutilidad, la ineficacia y la esterilidad de toda pena de muerte que inflige el Estado.

El hombre *res sacrae* para el hombre está encomendado a él. *En buena tesis, no cabe matar personas que quitan la vida a otras con el fin de mostrar que es malo matarlas.* La primitiva y bárbara ley taliónica que afianza la espiral de la violencia se debe abolir. Mi enérgica vocación para salvaguardar la vida humana, aun en el caso de los más torvos delincuentes, me ha llevado a emprender la lucha para derrotar definitivamente los argumentos de los mortícolas. Tarea de intelectual —filósofo y jurista— y privilegio de cristiano, me cuento entre los constructores de la vida. Mi investigación no quiere presentar, tan solo, un alto valor teorético. Quisiera ser edificante y salvar con mi ciencia o con mi consejo otras vidas. Hablo como espíritu inmortal a mis hermanos itinerantes en este *status viatoris,* para que emprendamos juntos la exaltación de lo sagrado que hay en toda creatura religada metafísicamente al Ser fundamental y fundamentante.

AGUSTÍN BASAVE FERNÁNDEZ DEL VALLE

I. ¿LICITUD O ILICITUD DE LA PENA DE MUERTE?

Sumario: 1. Fundamento de la justicia penal. 2. ¿Razón o sinrazón de la corriente abolicionista? 3. La pena de muerte ante la recta razón.

1. Fundamento de la justicia penal

La acción de meditar —reflexión— es una aplicación del espíritu en un tema de estudio. En esta ocasión, mi tema de estudio será la pena de muerte: ¿qué es una pena?, ¿por qué hay penas?, ¿para qué las hay?, ¿se justifica la pena de muerte?

La penología se ocupa del conocimiento científico de los diversos medios de represión y de prevención directa del delito. Abarca varias penas y medidas de seguridad, ejecución y actuación pospenitenciaria. Las sanciones cobran significación por su sentido retributivo, por su finalidad reformadora y por su aspiración defensiva de la sociedad. Definir es delimitar, enunciar lo que es un objeto, mostrar su constitutividad sistemática. En ese sentido, empezaré por definir. *Delito es la acción culpable, típicamente antijurídica y subordinada a una figura legal de acuerdo con la constitutividad de esta urdimbre forjada por el derecho. La pena se define como una sanción prescrita por el derecho, aplicable al que viola la norma jurídica.*

¿Cuál es el fundamento universalmente válido de la justicia penal? Desde antiguo se ha esgrimido el principio de la igualdad en la permuta del mal con el mal; es el clásico *ius talionis* del Antiguo Testamento, el *Wiedervergeltungsrecht* del que hablan los germanos. Emmanuel Kant, en su *Metaphysisch Anfansgründe der Rechtslehre* (II teil I Abschn; Allmeng. Anm.), sostuvo el principio de la igualdad en el trueque taliónico, principio que era un canon de orden deontológico *(de iure condendo)*. Discrepo del genio alemán —*coloso de acero y bronce,* como le llamó Scheler— porque *resulta imposible alcanzar una ecuación exacta entre el delito y la pena.* No es posible precisar rigurosamente un criterio de proporción entre la pena y el delito, porque *son entidades heterogéneas no conmensurables entre sí.* No discurriré por los caminos de los orígenes históricos de la pena, sino que mi meditación transcurrirá a la luz del ideal supremo de la justicia. En términos generales, un acto delictivo implica un contracambio, pero éste no es normativamente necesario, pues no existe obligación alguna de valerse, hasta el límite, de la autorización para la *vindicta publica.* Teóricamente cabe conformarse con una reacción atenuada, con el perdón hacia el arrepentimiento autor del entuerto, siempre que lo repare en lo posible. La remisión de un débito y la renuncia a un derecho no niegan el derecho mismo, sino que lo presuponen, lo afirman. No se confunda la escueta facultad de retribuir el mal con el mal *(malum passionis, propter malum actionis)* con un imperativo categórico al estilo kantiano. Históricamente, sólo las primitivas costumbres o legislaciones aplicaron la rígida fórmula del "ojo por ojo y diente por diente". Hoy día, la conciencia ético-jurídica más elevada busca una equivalencia o correspondencia racional de valores.

La corriente abolicionista de la pena de muerte, creciente en nuestro tiempo, transforma aquellas especies de pena que vulneran el ser de la personalidad. ¿Por qué?, porque la privación de vida no sólo degrada a quien la inflige. Por supuesto, queda a salvo la legítima defensa contra las violaciones del derecho, ya sean amenazas concretas o principios de ejecución. La legitimidad de la defensa deriva de la esencia misma del derecho —delimitación en forma correlativa del comportamiento de varios sujetos entre sí—, pues no cabe dejar de afirmar la impedibilidad de la injuria o del entuerto. Al respecto, Giorgio del Vecchio afirma: "La justificación intrínseca de la pena consiste precisamente en su función reparadora y reintegradora del derecho violento; pero aquí está también su límite racional" *(Sobre el fundamento de la justicia penal,* Instituto Editorial Reus, Madrid, 1947, p. 6). La aplicación de la pena no sólo resulta bastante ardua, sino que incurre, con frecuencia, en errores graves. El ex rector de la Universidad de Roma apunta con gran lucidez, líneas adelante: "Corresponder al mal con el mal y en la misma medida constituye, desde luego, el modo más simple, pero no el más verdadero, de restablecer el orden perturbado, pues, verdaderamente, no hay otro modo de reparar el mal como no sea con el bien" *(ibídem*, p. 7). Esta cristianísima iusfilosofía de Giorgio del Vecchio hace recordar el elevado principio paulino: "Noli vinci a malo, sed vince in bono malum" *(Rom.* 12, 21).

La mera acción en que consiste el delito debe contraponerse como exigencia de la justicia, no tanto con una mera pasión —vetusta fórmula— cuanto con una buena acción. Por lo general, el delito encuentra en sí mismo la propia pena; sin embargo, cierto dolor no puede disociarse del cumplimiento de las sanciones. Infligir dolor no puede disociarse del cumplimiento de las sanciones, de modo que infligir dolor a otro, aun cuando sea a manera de retorción, no puede constituir por sí mismo un fin lícito a la luz del supremo ideal ético. La persona humana no es medio, sino fin. Consiguientemente, no se le puede tratar como simple cosa. Cuando se impone un fin extrínseco a la misma —un castigo no merecido o no proporcionado al delito cometido—, se vulnera su finalidad intrínseca. Hay una abominable e inicua sentencia histórica que el hombre de aquella época quiso justificar: "Es mejor que muera un solo hombre (aun cuando sea inocente), antes que todo un pueblo" *(Jn.* 11, 50). Modernamente, este principio se llamaría *razón de Estado.* La muerte de un hombre inocente redunda en vergüenza y daño para aquellos que pensaban obtener provecho de la privación de la vida de un justo. La historia de las penas, como la de los delitos, resulta, en muchas de sus páginas, gravemente deshonrosa para la humanidad. Es hora de que el derecho penal reduzca un tanto su actual y vasto campo de acción, modificando no pocos de sus preceptos. Algunas reformas en las recientes legislaciones de varios estados inducen a la esperanza: suspensión condicional de la pena, perdón judicial, casas de trabajo, colonias agrícolas y tribunales especiales para menores. Todos estos institutos son medios de reducción de los delincuentes.

La historia ha demostrado que muchas formas de punición son factores de perversión más que de enmienda. Algo de sagrado hay en la personalidad de cada reo; por ello, esa personalidad —por malo que el reo haya sido— no puede ser pisoteada o negada, ni siquiera en virtud de una supuesta —nunca probada— ecuación entre el mal causado y mal devuelto. Algo de irreparable hay en cada delito cometido. La reparación compensadora debe acercarse lo más posible a una equivalencia moral, salvando la *ratio iuris*. Así, no resulta hiperbólico afirmar que cuando la finalidad de la pena no sea posible sin una nueva y acaso más grave injusticia, deberá aplicarse una satisfacción parcial, indirecta o, en última instancia, meramente simbólica. Las vastas y profundas raíces que tiene el mal en el mundo no pueden remediarse con la pena de muerte. La lucha contra el delito debe conducirse exclusivamente con sanciones jurídicas que no caigan en la irreparabilidad del error judicial. Se busca un medio adecuado de represión, entre los moldes que señalan una más alta y verdadera justicia penal; además, es menester recordarlo, el delito no es meramente un hecho individual; todo delito denota defectos y desequilibrios en la estructura de la sociedad donde se produce; consecuentemente, la sociedad también debe responder, en alguna manera, de la represión de este hecho social ilícito. Cabe preguntar: ¿qué debe importar más al derecho: el estrecho ámbito de los castigos y de la penalidad o la vida humana de una persona cuya dignidad no pueda reducirse a algo susceptible de aniquilarse? El más elevado ideal de justicia indica y muestra el valor fundamental de la persona humana, la obligación absoluta de representarla en todos sus derechos fundamentales, entre ellos (de modo principal) el derecho de la vida, que no es don del Estado, sino de Dios.

En materia delictiva pesa sobre la sociedad una especie de deber de reparación de los delitos cometidos, que en la fase presente de la evolución social y jurídica está reconocida tímidamente. La parte de culpa que corresponde a la sociedad entera no se ha puesto de relieve suficientemente. Es preciso afirmar una obligación de asistencia social, de prevención, en materia delictiva. Una sociedad éticamente sana hace valer la pública censura y la pública desestimación, no por turbia antipatía de algún resentido, sino por un tranquilo y fuerte espíritu de justicia. Más que las penas importa la rehabilitación. El arrepentimiento interior y la reparación del daño no se obtienen con suplicios, cárceles y penas de muerte. No podemos conformarnos con el hecho externo de la pena y descuidar lo que no podemos postergar jamás: el genuino cumplimiento de la justicia penal y premial.

2. ¿Razón o sinrazón de la corriente abolicionista?

La abolición de la pena de muerte es buena y tolerable no sólo en los estados pequeños, sino también en aquellos extensos y populosos. Resulta frecuente el caso de una autoridad tambaleante, preocupada por defenderse a sí misma y por defender a sus partisanos, sin preocuparse por respetar la vida de cualquier persona humana. En el año 325 de la era cristiana, el emperador romano Constantino *el Grande* hizo patente su simpatía por el abolicionismo de la pena de muerte. En la Constitución *cruenta Spectacula*, promulgada en Beirut, puede leerse este luminoso texto: "Los espectáculos sangrientos no son conformes con la paz ciudadana y la tranquilidad doméstica" (*"Cruenta spectacula in otio civili et domestica quiete non placent"*, *Código Teodosiano*, ley 1 del título 12, *De gladiatoribus penitus tollendis*, del libro 15). El más terrible argumento contra la pena capital no estriba en su espectáculo sangriento y en su falta de adecuación a la paz ciudadana y a la tranquilidad doméstica, sino en el hecho incontrovertible de su *irreparabilidad* y en el peligro de la inocencia en el caso de *errores judiciales*. Y los errores judiciales, la experiencia lo ha demostrado en miles de ocasiones, no constituyen un vano espantajo, sino que son posibles y se han cometido a granel. Francisco Carrara, en su famosa obra *Opúsculos de derecho criminal*, alecciona provechosamente sobre lo ocurrido en Italia con la cuestión de la pena de muerte:

> La historia ha demostrado que los juicios criminales italianos conducen a menudo a condenar a ciudadanos inocentes; esto basta para que el espectro pavoroso de los errores judiciales exista aún entre nosotros; y no hay razón para creer que esos tribunales que caen en alucinaciones tan frecuentes cuando condenan a un inocente a prisión o a trabajos forzados temporales, deban tornarse (como se ha afirmado) perpetuamente infalibles cuando condenan a la pena capital. Podrá preverse una vacilación mayor; pero la falibilidad siempre permanece, porque es un contenido necesario de la naturaleza de los jueces, del procedimiento y de las formas procesales, viciosísimas a más no poder [*Opúsculos de derecho criminal*, vol. VII, Temis, Bogotá, 1977, p. 350].

En abono de su tesis, el conocido jurista italiano relata múltiples casos de errores judiciales cometidos en Italia y en Francia. Niega el argumento de que el motor principal de los abolicionistas sea el sentimentalismo, y afirma que la pena de muerte multiplica los homicidios, porque acostumbra al pueblo a mirar con indiferencia la muerte premeditada de un semejante. La abolición de la pena de muerte, excelsa norma del progreso humano, quita al asesino la influencia del ejemplo y lo deja en el más completo aislamiento, como blanco inexcusable de la execración pública. Hay una fórmula del ilustre comendador La Francesca a la cual se adhiere con plenísima convicción Francisco Carrara:

> *La ilegitimidad de la muerte que (aun cuando no sea pena) se quiere infligir como pena está en el hecho de que quita al culpable el ejercicio del derecho de enmendarse.* Este derecho o deber, como se le quiera llamar, representa la misión dada por Dios al hombre en la vida terrena. Ese derecho no lo puede derogar la voluntad del individuo en perjuicio de sí mismo, ni tampoco la voluntad humana en principio de otros. De tal modo, con este felicísimo concepto, la ilegitimidad del

homicidio judicial descansa sobre la misma base de autoridad divina sobre la cual se evoca la ilegitimidad del suicidio [*op. cit.*, p. 369].

¿Cómo puede admitirse que se tenga sobre la vida *ajena* (caso de la pena de muerte) un derecho mayor que el que se tiene sobre la *propia vida* (caso del suicidio)? Si el derecho a la vida es un principio absoluto, inalterable, ¿por qué habría de desamparar esa inalienabilidad en el caso de la consumación de un crimen castigado con pena capital? El condenado a muerte no es un hombre muerto por otro, sino un *hombre* muerto por la justicia. Se piensa que es justo matar al culpable porque lo quiere una supuesta justicia. Si la inviolabilidad de la vida humana es un principio absoluto, ¿por qué habría de exceptuarse ese principio cuando una supuesta justicia decrete matar? Hay penas apropiadas que afligen al cuerpo y causan dolor al alma del culpable, pero cuando la "justicia" ha destruido la vida del cuerpo, las fuerzas han perdido todo su poder para castigar el alma del delincuente. Como *jurista*, Carrara quiere que el asesino sea castigado, no por razón de venganza, sino por razón de defensa de la suprema ley jurídica. Como *cristiano*, su fe en la vida futura y en la misericordia divina no le permite tener la certeza de que al matar el cuerpo del asesino, se ha condenado su alma al dolor.

Mucho antes que Francisco Carrara, César Beccaria se pronunció contra la pena de muerte en su célebre *Tratado de los delitos y de las penas*. Ciertamente, Beccaria sufrió la influencia de Juan Jacobo Rousseau en su concepción del contrato social, al afirmar:

La pena de muerte no es útil por el ejemplo de atrocidad que da a los hombres. Si las pasiones, por la necesidad de la guerra, han enseñado a verter la sangre humana, las leyes, moderadoras de la conducta de los hombres, no deberían aumentar tan fiero ejemplo, tanto más funesto cuanto que la muerte legal se otorga con estudio y formalidades. Me parece absurdo que las leyes, que son expresión de la voluntad pública, que detestan y castigan el homicidio, cometan ellas mismas también uno, ordenando un homicidio público para alejar a los ciudadanos del asesinato [*Tratado de los delitos y de las penas*, Cajica, Puebla, 1957, pp. 166-167].

Beccaria se preocupa más por los sentimientos de todos, en cuanto a la pena de muerte, que por los sólidos raciocinios que se puedan esgrimir dentro de la corriente abolicionista. Esto no quiere decir que sus argumentos sean despreciables y que no aporte algunas referencias genuinas que aún hoy día se pueden recoger. El egregio humanista italiano sabe muy bien que "la historia de los hombres nos causa la impresión de un inmenso piélago de errores, entre los cuales flotan algunas verdades, pocas y confusas a grandes intervalos distantes" (*op. cit.*, p. 170). La finalidad que asienta el humanista y jurisconsulto Beccaria es bien clara: "Para que una pena sea justa, sólo debe tener los justos grados de intensidad que basten para apartar del delito a los hombres" (*op. cit.*, p. 162). *La pena de muerte no resulta ejemplar ni útil* y la vida propia de cada cual no está en poder de nadie. La pena de muerte (*poena capiti sive ultimi supplici*) se halla catalogada entre las penas corporales, de modo que cabe hacer dos interrogantes fundamentales: ¿es legítima de suyo? y ¿es útil y oportuna? Se suele decir que nadie ha querido dejar a los otros hombres el arbitrio de hacerlo morir y que la vida es el más alto de todos los bienes. El fundamento que se aduce estriba en la asimilación de que la soberanía y las leyes no son más que una suma de cortas porciones de libertad de cada uno, que representan la voluntad general como agregado de las particulares; no obstante, esta argumentación esgrimida por Beccaria y sus epígonos no es, precisamente, la más sólida entre las de la corriente abolicionista. La teoría del pacto social de Juan Jacobo Rousseau es falsa en sus supuestos, en su contextura y en sus consecuencias. Más que a justificar al Estado, tiende a derruirlo, porque la *societas perfecta* no puede edificarse sobre la arena movediza del libre arbitrio y porque nunca ha existido el estado de naturaleza, ni la voluntad general lo puede todo. Habría que añadir que la vida como torrente ciego de energía no es el más grande de los bienes. Contemporáneamente se piensa que son los hombres, siempre finitos y prejuiciados, quienes distinguen delitos y atribuyen penas. Agréguese a esta seria reflexión que la pena de muerte no puede aplicarse legítimamente, porque es *irreparable* e *incorregible*. Quien ha sufrido la pena de muerte por un *error judicial* ya no puede ser *rehabilitado* en sus derechos.

Para fundamentar la legitimidad de esta pena, se aduce el argumento de utilidad y necesidad. Dícese, aseveración que nunca ha sido probada, que la pena de muerte tiene un efecto intimidante y asegurador. Ahora bien, *la pena de muerte no es intimidante:* cientos de condenados a ella han sido testigos de anteriores ejecuciones. En los Estados Unidos va en auge el gangsterismo y el número de homicidios, a pesar de las miles de ejecuciones verificadas en unos cuantos años. De nada vale la impresionante posibilidad y la aplicación de la pena capital hasta a los adolescentes. Nada asegura la pena de muerte y sólo queda convertida en un instrumento de represión cruel, vengativa. En consecuencia, cabe concluir que *es superflua,* pues *no consigue el aseguramiento ni la intimidación* que puede lograrse por medidas de seguridad o por otros medios penales, como lo ha advertido el gran penalista germano Liszt. Si las leyes de la naturaleza son el fundamento del *ius puniendi,* no resulta justa la pena capital, porque *despierta instintos brutales y sangrientos.*

En México, donde se mata por motivos políticos, sociales, religiosos y, por supuesto, pasionales, la pena de muerte no resulta precisamente ejemplar. Sólo reafirmaría una tradición sanguinaria. Nuestra revolución y nuestros crímenes pasionales han dado el espectáculo de un exceso en el derramamiento de sangre; por eso, Francisco González de la Vega alzó su voz para proclamar que es indispensable remediar esta pavorosa tradición proclamando enérgicamente que en México nadie tiene derecho a matar, ni el Estado mismo. Más aún, el Estado debe enseñar a no matar, a tener el más absoluto respeto a la vida humana, aunque se trate de una persona miserable y abyecta.

Estéril, infecunda, inocua, la pena de muerte, después de 120 años de aplicarse en rebeliones, hay otros tantos años de nuevas rebeliones. Cabe agregar —argumento nada despreciable— que la pena de muerte resulta, en México, injusta e inmoral, porque se ha aplicado, la mayoría de las veces, a hombres humildes del pueblo mexicano. Los delincuentes de buena posición económica y política casi nunca sufren proceso penal y casi nunca corren el peligro de padecer la irreparable pena capital. Una vez más, el Estado y la sociedad entera son culpables, junto con los delincuentes, de los delitos. Lo que se debería buscar es una efectiva escuela de prevención social, una solidaridad humana que adapte a los más inadaptados a una vida humana y digna. Hay que acabar con la inferioridad ancestral, elevando el nivel económico de las clases humildes, en vez de suprimir a los delincuentes pobres. Por algo se ha dicho que "las sociedades tienen los criminales que se merecen".

3. La pena de muerte ante la recta razón

Actualmente, la mayoría de las naciones civilizadas ha eliminado, o está eliminando, la pena de muerte. Abundan los ejemplos. En América Latina se ha recomendado en congresos de criminología la supresión de la pena de muerte en las legislaciones que aún la conservan. La Constitución Política de los Estados Unidos Mexicanos preceptúa:

> ...Queda prohibida la pena de muerte por delitos del orden político y en cuanto a los demás *sólo* podrá imponerse al traidor a la patria en guerra extranjera, al parricida, al homicida con alevosía, premeditación y ventaja, al incendiario, al plagiario, al salteador de caminos, al pirata y a los reos de delitos graves del orden militar [artículo 22].

Trátase de un mínimo constitucional de prohibiciones que ha permitido al legislador penal del Distrito Federal, y de la mayoría de los estados de la República Mexicana, ampliar y suprimir de esta manera la pena de muerte en el derecho penal común.

El presidente Emilio Portes Gil suprimió la pena de muerte que existía —Código penal de 1871, artículo 92— en el Código penal de 1929. Lo propio hicieron posteriormente el legislador de 1931 y las legislaciones estatales. Hay una tendencia a su abolición total, en la doctrina y en las diversas legislaciones de los estados. La represión de los delitos —en buena tesis— debe juzgarse no por la atrocidad de una pena —irreparable cuando hay error judicial—, sino por la supresión de las causas históricas, económicas, biológicas y sociales que determinan la eclosión del crimen. La sanción de la pena de muerte no se justifica como medida de intimidación ejemplar y resulta innecesaria para la defensa social. El quinto mandamiento, que es no sólo de derecho revelado sino también de derecho natural, demanda un absoluto respeto a la vida humana: *no matarás*. El nuevo *Catecismo de la Iglesia católica* contiene dos artículos sobre la pena de muerte. El artículo 2266 en su párrafo segundo, establece la significación y el sentido de las penas: "Las penas tienen como primer efecto el de *compensar el desorden introducido por la falta*. Cuando la pena es aceptada voluntariamente por el culpable, tiene *un valor de expiación*. La pena tiene como efecto, además, preservar el orden público y la seguridad de las personas. Finalmente, tiene también un valor medicinal, puesto que debe, en la medida de lo posible, contribuir a *la enmienda* del culpable (*cf. Lucas* 23, 40-43). A la luz de este párrafo, resulta un tanto extraño —si no se acude al sentido prudencial de la Iglesia hacia los estados que aún tienen establecida la pena capital— que se aduzca la preservación del bien común de la sociedad como justificación para colocar al agresor en estado de no poder causar perjuicio causándole la muerte. Ciertamente, advierte el primer párrafo: "La enseñanza tradicional de la Iglesia ha reconocido el justo fundamento del derecho y deber de la legítima autoridad pública para aplicar penas proporcionadas a la gravedad del delito, sin excluir, en casos de extrema gravedad, el recurso a la pena de muerte". Pero lo decisivo, a nuestro juicio, está en el artículo siguiente que da la pauta para encontrar el criterio preferencial de los autores del Catecismo bajo la lúcida dirección del cardenal Ratzinger:

> Si los *medios incruentos* bastan para defender las vidas humanas contra el agresor y para proteger de él el orden público y la seguridad de las personas, en tal caso la autoridad se limitará a emplear sólo esos medios, porque *ellos corresponden mejor a las condiciones concretas del bien común y son más conformes con la dignidad de la persona humana.* [*Catecismo de la Iglesia católica,* 3ª edición revisada, Asociación de Editores del Catecismo, España, 1993, p. 498].

Adviértase que en el nuevo Catecismo se dice que los medios incruentos corresponden mejor a las condiciones concretas del bien público temporal y están más de acuerdo con la dignidad de las personas humanas. Esto es lo decisivo.

Santo Tomás de Aquino en el siglo XIII y algunos teólogos juristas españoles de la época renacentista defendieron la legitimidad de la pena de muerte, considerándola precisa para la conservación del cuerpo social y declarando que "al príncipe encargado de velar por ella corresponde, como al médico, amputar el miembro infectado para preservar el resto del organismo" (*Summa Theologica,* 11, 2). Con todo el respeto que se merece santo Tomás, cabe decir que parece desafortunada la comparación de una persona humana —aunque se trate de un delincuente— con un miembro infecto de un organismo, miembro que es preciso amputar. El símil tiene un marcado sabor biologizante. *Además, Tomás de Aquino no tomó en consideración los argumentos decisivos para abolir la pena de muerte: irreparabilidad, incorregibilidad, falta de ejemplaridad, falta de necesidad, falta de rehabilitación en caso de error judicial y varias razones más.* Por supuesto, el Doctor Angélico, con ser un teólogo egregio, no puede equipararse a la Biblia y a la tradición, fuentes para juzgar sobre la ortodoxia o heterodoxia de una doctrina. Es un hombre finito y falible por ser humano; en consecuencia, cabe disentir de la doctrina tomista en uno o en varios puntos, sin dejar de admirar a ese genio del orden, a quien el autor tanto debe en los inicios de su formación filosófica. A continuación trataré de sintetizar los argumentos en contra de la pena de muerte, apoyados en la recta razón, que privan en la actualidad:

1. Buscando la intimidación, el Estado promueve la glorificación de la persona a quien se aplica la pena de muerte. Se trata no sólo de casos como los de Jesucristo, Sócrates, santa Juana de Arco y Juan Huss, sino también los de cientos y miles de ajusticiados, inocentes o no, que se convierten en ídolos populares y en leyenda. Es el caso de aplicar el refrán popular mexicano de que "el tiro sale por la culata".

La estadística demuestra que *la pena de muerte carece de la eficacia intimidativa que le atribuyen sus partidarios*. En los países que han suprimido la pena capital no existe aumento de los delitos punibles con esa pena inhumana, mientras que en aquellos que aún la mantienen no hay constancia alguna de que hayan disminuido esos delitos. (El profesor Liepmann publicó datos tomados en las estadísticas de países europeos y de algunos estados de los Estados Unidos en su libro *Die Todesstrafe* [Berlín, 1912, pp. 47 y ss.].)

El insigne humanista y tratadista del derecho penal, doctor Eugenio Cuello Calón, apunta estas razones válidas: "La pena de muerte carece de eficacia intimidativa especialmente para ciertos criminales, para los asesinos caracterizados por su insensibilidad moral, para los criminales profesionales, para quienes la última pena es una especie de riesgo profesional que no les espanta, para los apasionados o fanáticos que delinquen por móviles políticos o sociales". (*Derecho penal*, tomo I, parte general, 15ª edición, Bosch, Casa Editorial, Barcelona, p. 769).

2. *La cárcel perpetua puede sustituir a la pena de muerte con innegable ventaja*, no existe imposibilidad de que la iguale en seguridad sin comportar los nefastos efectos de la pena capital. *El reo puede ser mejorado o inocuizado* antes de pensar en su liberación. Estas exigencias podrán cumplirse prácticamente y se han cumplido en varios países

3. *La ejecución de la pena capital excluye todo ulterior examen de asesinos que supuestamente son enfermos mentales.* Puede ponerse en duda la capacidad procesal o la capacidad para sufrir la pena de un perturbado mental.

4. *El fanático* que realiza un atentado contra la vida *queda destruido como sujeto de investigación.*

5. Las penas pecuniarias, de prisión y de otra índole se pueden revocar en el caso de error judicial; cuando así sucede, el condenado se rehabilita. *La pena de muerte ejecutada no sólo es irreversible, sino que destruye las raíces de una posterior investigación procesal y estorba un nuevo examen de los hechos. El error judicial,* cuando conduce a una pena de muerte ejecutada, equivale a un *"homicidio judicial" por imprudencia;* a su vez, el ajusticiado inocente hace odioso el aparato judicial.

Hans von Hentig, profesor de criminología en la Universidad de Bonn, advierte sabiamente: "En último término, sólo hay un criterio: la disminución de la criminalidad por asesinato. El derecho penal es solamente uno de los medios que se oponen a ella. Las otras recetas provienen de ámbitos que están al margen de nuestra disciplina. Aunque las naciones sigan aboliendo o introduciendo el *sumum supplicium,* apoyándolo o combatiéndolo celosamente, *la reprobación científica tendrá un efecto moderador e inhibitorio" (La pena. Las formas modernas de aparición,* Espasa Calpe, Madrid, 1968, p. 181). *Mientras exista la posibilidad de un error judicial subsistirá la posibilidad de una injusticia gravísima e irreparable.*

6. El escarmiento y el terror, buscados por los partidarios de la pena de muerte, no se producen con el espectáculo de las ejecuciones públicas. Lo único que se causa es un *efecto desmoralizador* y, en determinados casos, un *morboso atractivo hacia el delito.* Téngase en cuenta que la mayoría de los condenados a la pena de muerte ha presenciado, anteriormente, alguna ejecución capital.

7. Las penas más duras y severas, exceptuando la de muerte, permiten una reparación en caso de error por parte del juez o del tribunal colegiado. ¿Por qué admitir, entonces, la única pena que *no tiene reparación posible?*

La creciente tendencia a suavizar y humanizar las penas adquiere peculiar relieve en la corriente que aboga por la abolición de la anacrónica y brutal pena de muerte. *Es imposible equiparar la pena capital impuesta por el Estado a la legítima defensa personal, en la que no existe una intención directa de matar. La muerte del agresor, en el caso de la legítima defensa, es una consecuencia secundaria y no querida por quien defiende su vida.* En la pena de muerte, *el Estado, por conducto del verdugo, quiere conscientemente que se produzca esa muerte.*

El derecho a la vida y a los medios necesarios para su conservación y su progreso es un derecho básico, primario, radical en sentido óntico. El derecho a la vida entraña la eliminación de aquellos medios que atentan a la existencia o a la integridad física de la persona. Algo más importante aún: *el derecho a la vida implica el derecho a los medios necesarios para la conservación y desenvolvimiento del ser psicofísico del hombre.*

Un adagio de Séneca reza: *el hombre es cosa sagrada para el hombre.* La lucha por la salvaguarda de la vida humana, aun en el caso de los más torvos delincuentes, constituye una alta y honrosa tarea. *¡Bienaventurados los constructores de la vida, los que salvan con su ciencia o con su consejo otras vidas, los que exaltan lo sagrado que hay en la creatura marcada con el sello de un espíritu inmortal!*

II. LA PENA DE MUERTE Y EL DERECHO HUMANO A LA VIDA

1. Los derechos humanos

La justicia que impone el respeto al otro y que nos exhorta a dar a cada uno lo suyo descansa en el valor propio de cada persona humana. Los derechos de la persona han constituido siempre uno de los focos principales de la lucha por el derecho. Si el derecho es orden social, el hombre y sus bienes se encuentran en el centro del derecho. Para estar a la altura de la dignidad humana, el derecho reconoce y protege la libertad del hombre como ser moralmente independiente y autorresponsable. Esta esfera de libertad moral con fundamentos ónticos no está sometida a la decisión de las autoridades, ni puede convertirse en mero instrumento al servicio de los fines del Estado, de la raza o de la clase social. Trátase de un bien supremo que la justicia jurídica salvaguarda, porque todo derecho está al servicio de la moralidad, asegurando su libre desarrollo y estableciendo un *minimum* ético. El respeto a la dignidad humana se exige a todos los hombres y a la comunidad, Estado o nación. Una cosa es que el individuo quiera sacrificarse voluntariamente en aras de la comunidad y otra muy diferente que la comunidad pretenda imponer ese sacrificio. Los derechos del hombre, basados en la exigencia moral de respetar la dignidad humana, parten del hecho ontológico de la autodeterminación del ser humano. Por ello, el hombre es capaz de derecho, capaz de obrar y jurídicamente responsable. Para cumplir sus finalidades específicas, el hombre tiene que conservar, desarrollar y perfeccionar su ser. Esta necesidad ontológica de plenitud funda el carácter inalienable e imprescriptible de los derechos fundamentales de la persona humana.

El hombre es, esencialmente, un espíritu encarnado inteligente, independiente y libre, que actúa en el mundo como una totalidad oclusa en sí misma, pero abierta a la comunicación con el prójimo. En el plano existencial, el hombre es la originaria y trascendental posibilidad de la búsqueda de la salvación. Su libertad y su comunicabilidad, dentro de sus dimensiones espacio-temporales, se proyectan hacia la plenitud subsistencial. En el ser pluridimensional del hombre cabe distinguir el aspecto material —corpóreo y viviente—, el personal —espiritual, cultural e histórico— y el religioso —ente *deiforme*, porque proviene de Dios, y *teotrópico*, porque va hacia Dios—. Del hecho material de ser un organismo viviente se derivan las facultades fundamentales del derecho a la vida, a la integridad física, a usar y disponer de los bienes materiales para la subsistencia, derecho a contraer matrimonio y fundar una familia, derecho a la propiedad y derecho al trabajo. El aspecto espiritual, cultural e histórico de la persona es base de sustentación del derecho a profesar libremente creencias religiosas, a buscar la verdad, a expresar y difundir el pensamiento, a educar a los hijos, a tener seguridad jurídica y a participar en la vida pública. Del aspecto religioso se deriva el derecho de ir hacia Dios y de no entregar el alma —aunque se pueda entregar la vida en momentos de peligro para la comunidad— al Estado, a la clase social o a la raza. Las sociedades políticas pueden pedir a los ciudadanos el sacrificio de la vida —cuando así lo requiera la patria—, pero jamás el sacrificio del alma.

Aunque existen numerosas clasificaciones de los derechos humanos, aquí se prefiere la clasificación que atiende a la diversa naturaleza de su objeto, a saber:

a) Derechos civiles (o propiamente individuales): derecho a las libertades religiosas, de educación, de expresión y de reunión, a la igualdad, a la propiedad, a la inviolabilidad del domicilio, etcétera.

b) Derechos políticos o cívicos: derecho a la nacionalidad, a participar en la vida cívica del país, etcétera.

c) Derechos económicos: derecho a una remuneración equitativa y satisfactoria, a un nivel de vida adecuado, etcétera.

d) Derechos sociales: derecho al trabajo y a su libre elección, a la seguridad social, a la protección de la maternidad y de la infancia, etcétera.

e) Derechos culturales: derecho a participar en la vida cultural de la comunidad, a la educación, etcétera.

Estos derechos son congénitos, universales, absolutos (toda persona y toda autoridad debe respetarlos), necesarios (en sentido ontológico porque derivan de la naturaleza humana), inalienables, inviolables e imprescriptibles; no obstante, los derechos humanos no pueden ni deben menoscabar los legítimos intereses de la sociedad. Ninguno de los derechos del hombre puede ejercerse para transgredir los márgenes impuestos por la ética, por los derechos de los demás y por las exigencias del bien público temporal. No se puede atentar, en nombre de la colectividad, contra las prerrogativas de la persona, pero tampoco es admisible que una desmedida exaltación del individuo llegue a menoscabar los intereses del bien común. No sólo los individuos tienen derechos, sino que también se habla del derecho de cada pueblo a que se respete su personalidad, su independencia y su cultura. También los estados tienen derecho a existir dentro de un nivel de vida adecuado.

2. El derecho humano a la vida

Entre los derechos humanos hay uno básico, primario: el derecho a la vida. Trátase del más radical en sentido óntico. Seguramente existen más altos derechos en la escala de los valores humanos, pero ninguno más básico. Sobre este derecho se construye la pirámide de valores en la existencia humana. ¿De qué servirían los demás derechos del hombre si no existiera el derecho a la vida física y a la integridad corporal? Ciertamente, el hombre puede *ofrendar* su vida a la patria en momentos de peligro, pero no disponer de ella directamente por suicidio. El mártir y el héroe pierden su vida *por reflejo* —valga la expresión—, pero no se suicidan. Tampoco lo hace el sabio que consagra su vida a la lucha contra determinadas enfermedades o a la investigación de nuevas fuentes de energía.

El derecho a la vida humana es propio de cada persona —de todo individuo humano por abyecto que sea— e implica eliminar todos aquellos actos que atentan a la vida o a la integridad física de la persona humana. Se trata no sólo de este aspecto pasivo o negativo, sino también del aspecto positivo o afirmativo, esto es, el derecho a los medios necesarios para salvaguardar y desarrollar el ser biopsíquico del ente humano. Existen múltiples atentados contra la vida humana: homicidio de cualquier clase, genocidio, aborto, eutanasia, suicidio deliberado, pena de muerte, etcétera.

El derecho a la vida supone no solamente la simple abstención de matar, de mutilar y de torturar a los hombres, sino también entraña la ayuda para vivir con la plenitud que se pueda. Hablo de la vida en sentido somático y biopsíquico. No se puede matar al *semejante*, que es *otro yo*, ni suprimirle su derecho a buscar la plenitud subsistencial; más aún, todo ser humano tiene derecho a que la sociedad le proporcione medios necesarios para la vida digna de la persona. De ahí el deber individual y social de servir al hambriento, al anciano abandonado, al trabajador emigrante, al desterrado, al hijo natural.

Todos los bienes creados deben servir a todos los hombres en forma justa y equitativa, justicia y equidad saturadas de amor al prójimo. Porque el hombre tiene el derecho a la vida física, se justifica el robo de indigente. El Estado existe para defender, servir y respetar a toda la vida humana, sin excepción. Urge destacar el carácter inviolable de toda vida humana por humilde, precaria o abyecta que parezca. La familia y la sociedad deberían ser, si las cosas funcionaran bien, un "santuario de la vida" dentro de una nueva cultura de la existencia humana. Estamos, claro está, en la edificación de una auténtica civilización de la vida —no de la muerte—, de la verdad y del amor.

3. Fundamentos filosóficos

El derecho de todo hombre a la vida física y a la integridad corporal es un derecho natural, fundamental, inviolable e imprescriptible. Hay una norma natural, cognoscible por la sola razón natural del hombre y congruente con su cabal naturaleza humana, que preceptúa taxativamente: *no matarás*. Esta norma primaria de derecho intrínsecamente justo no contiene excepción alguna cuando se trata de matar intencionalmente. No basta proclamar de manera solemne el derecho inviolable de la persona a la vida física y a la integridad corporal, ni es suficiente afirmar en público el valor de la vida humana, si prácticamente se niega este derecho y este valor en la pena capital.

Quiero partir de la raíz misma de la dignidad humana cuando afirmo que *el hombre es un ser deiforme, teofánico y teotrópico*, que la filosofía, el fundamento filosófico de los derechos humanos, estriba en la óntica misma del hombre, quien se diferencia de las cosas y de los animales en que no puede ser sometido al dominio absoluto de ningún individuo o grupo de individuos en el universo visible. *La fuerza de la razón*, y no *las razones de la fuerza*, se opone a la *cultura de muerte*, entre la cual se incluyen el aborto, la eutanasia, el homicidio y la pena de muerte. El hombre está encomendado al hombre para salvaguardarlo o promoverlo, no para privarle de su vida. La sociedad tiene a su alcance medios eficaces para realizar la defensa social, la tutela del derecho. El derecho originario, inalienable e imprescriptible a la vida no se puede poner en discusión o negarse con base en lo que decidan la Cámara de Diputados y la de Senadores. El derecho a la vida no está sujeto a la voluntad de un grupo, ni siquiera de la mayoría de la población; no se trata de un derecho que puede quedar al arbitrio de la voluntad del más fuerte o del gobernante en turno. El Estado que presume de poder disponer de la vida, con la pena de muerte, con el aborto, con la eutanasia y con el homicidio político, tiene solamente una trágica apariencia de legalidad, pero traiciona en sus bases la dignidad del hombre y del mismo Estado. La palabra *dignidad* significa, en la primera acepción que ofrece el *Diccionario de la Lengua Castellana*, elaborado por la Real Academia Española, excelencia, realce, pero cabe preguntar: ¿de dónde proviene esa excelencia, ese realce? Esa dignidad tiene un fundamento óntico en el hecho radical de ser un *ente deiforme, teofánico y teotrópico*. Ningún otro ser en el universo visible tiene la dignidad de estar constituido como un fin en sí mismo que nadie puede manipular. En su paso por la tierra, el hombre se presenta como el único animal *diketrópico*, esto es, el único ser que se orienta hacia la justicia. Sólo traicionando sus mismas bases ónticas puede el hombre matar —en cualesquiera de sus formas— o matarse, porque matar, salvo el caso de legítima defensa, es siempre conculcar el derecho fundamental a la vida.

El reo no pierde su dignidad de persona humana. Todos los humanos tenemos una igualdad esencial de naturaleza, de origen y de destino, pero también hay desigualdades accidentales: unos son muy inteligentes, otros medianamente inteligentes y otros poco inteligentes. En materia de moralidad, también existen desigualdades accidentales en los comportamientos humanos, pero la dignidad de todo hombre, de cualquier persona humana, significa siempre, y ante todo, un valor ontoaxiológico. En la escala jerárquica de los seres, hay grados que van enriqueciendo en su contenido a los seres. Cabría hablar de que los diversos entes se van "dignificando" a medida que ganan autonomía en su actividad. En la escala de los seres, el peldaño inferior está ocupado por los seres materiales inorgánicos; luego, en su peldaño superior, están los vivientes con vida vegetal; en un escalón más arriba se hallan los animales que poseen vida vegetativa y sensitiva; por último, en la cúspide de la escala se encuentran los espíritus encarnados, es decir, las personas libres y responsables. Por *dignidad*, el hombre debe guardar en su comportamiento ético la ley de la jerarquía de los bienes. Todo ser humano debe ser tratado en la vida social como un fin y no como un medio. Cuando se aplica la pena de muerte a un hombre, diciendo que es una pena ejemplar, se le convierte en un medio para servir a la *ejemplaridad* de la sociedad. En este sentido, la pena capital atenta contra la dignidad fundamental de toda persona. Si se quiere comprender al hombre integralmente, como ser racional, libre, sociable y llamado a la eternidad, no se le podrá privar de su derecho natural a la vida física y a la integridad corporal. Los derechos humanos son una consecuencia lógica de la eminente dignidad del hombre. Recuérdese que el hombre, ente fugaz y contingente, no se explicaría sin una primera causa eficaz: el ser eterno y necesario. Si existe vida, hay quien hace que haya vida. La dignidad humana emana de su ser creatural. Nadie se autofabricó, ninguna persona se autoinstaló en el universo; ni yo ni los otros hacíamos falta. Nuestra vida es una dádiva de amor que nos compromete a vivir amorosamente. Hablo de compromiso, más que de obligación, y este compromiso no termina, sino hasta la hora de la muerte.

El derecho a la existencia es un derecho inalienable e imprescriptible que responde a una exigencia absoluta de la ley natural. El supuesto "derecho a matar", atentatorio del precepto natural *no matarás*, lo tienen o lo decretan unos hombres contra otros. En la pena capital, se mata en nombre de un "orden" positivo que contradice el derecho natural primario. Se mata en nombre de una sociedad que se debe defender, cuando lo cierto es que la sociedad tiene mejores medios de defensa, sin tener que vulnerar una norma primaria de derecho natural. La pena capital no sólo desvirtúa su pretendida justificación, sino que, además, no podía inventarse una pena tan plagada de inocultables defectos. La pena de muerte ha tenido un sentido de escarmiento, de desquite. No supera la antigua ley del talión. El sufrimiento, la humillación, el tratamiento inhumano del ser humano por el propio ser humano está en la base de todas las modalidades que ha presentado la pena de muerte a lo largo de su historia. Nada se remedia con esos suplicios, con esas torturas, con esas penas corporales y con esas ejecuciones de los reos, tan diversas como espeluznantes. En la historia, en aras de una supuesta ejemplaridad se han utilizado la horca, "la larga caída", la cuerda, la decapitación, la espada, la guillotina, la cámara de gas, el garrote, el frío yerro en la nuca, el fusilamiento, el ametrallamiento, la hoguera, la inyección letal, la silla eléctrica, etcétera.

Desde el punto de vista de los derechos humanos fundamentales, se impone la afirmación del derecho absoluto a la vida física y a la integridad corporal. Ni los mayores delincuentes de la historia pueden ser exceptuados de este derecho natural, que no se pierde nunca. Sin el respeto incondicional a ese derecho ontoaxiológico, la teoría de los derechos humanos se ve privada de su base racional más sólida. En buena tesis, la destrucción de cualquier vida humana, por degradada que sea desde el punto de vista moral, no podrá justificarse jamás, aunque se revista de la solemne apariencia de una "legalidad" que es pura mascarada normativa.

4. Fundamentos teológicos

La violencia contra la vida, la destrucción de los vivientes, no es obra de Dios, sino del Maligno. Dios lo creó todo para que el ser humano subsistiera. El hombre fue creado a imagen de Dios para un destino de vida plena, de existencia perfecta. Si nos atenemos al *Génesis*, la muerte entra por la envidia del diablo *(Gn.* 3, 1, 4-5) y por el pecado de los primeros padres *(Gn.* 2, 17; 3, 17-19). Caín mata por envidia a su hermano Abel: "Cuando estaban en el campo, se lanzó Caín contra su hermano Abel y lo mató" *(Gn.* 4, 8). Dios había mirado propiciamente a Abel y su oblación, de modo que los celos y la ira prevalecieron en Caín, aun así, el Señor protegió la vida de Caín. El fratricida dijo al Señor: "Mi culpa es demasiado grande para soportarla, es decir, hoy me echas de este suelo y he de esconderme de tu presencia, convertido en vagabundo errante por la tierra, y cualquiera que me encuentre me matará". El Señor le respondió: "Al contrario, quienquiera que matare a Caín lo pagará siete veces". Y el Señor puso una señal a Caín para que nadie que lo encontrase le atacara. "Caín salió de la presencia del Señor, y se estableció en el país de Nod, al oriente de Edén" *(Gn.* 4, 2-16). Este pasaje bíblico induce a la reflexión. *Dios todopoderoso* pudo haber decretado la muerte de Caín, pero quiso proteger esa vida humana, pues la vida humana pertenece sólo a Dios; quien atenta contra la vida del hombre, de alguna manera atenta contra el Señor de la vida. Dios misericordioso no quiso condenar al fratricida, sino protegerlo y defenderlo frente a los que pudiesen matarlo en venganza de la muerte de Abel. Desde su alto sitial, Juan Pablo II, en su carta encíclica *Evangelium vitae,* comenta luminosamente: *"Ni siquiera el homicida pierde su dignidad personal* y Dios mismo se hace su garante" *(Evangelium Vitae,* Librería Editrice Vaticana, 1995, p. 15). Si es así, cabe preguntar cómo el Estado, aunque se ponga el disfraz de la toga judicial, puede matar a quien nunca pierde su dignidad personal ni su derecho a la vida. Caín sufrió el exilio, pero no la pena capital. Si Dios no quiso castigar al homicida con quitarle la vida, ¿por qué el Estado, so pretexto de tutelar el orden jurídico, se arroga el seudoderecho de matar?

El derecho inviolable de todo hombre a la vida no puede ser socavado por *la conjura contra la vida.* Aunque se llame *la institución de la pena de muerte.* Parece incongruente que un Estado proclame con solemnidad los derechos inviolables de la persona, entre ellos el derecho a la vida, y niegue prácticamente ese derecho sagrado con la pena capital, porque el respeto a la vida es inseparable de todo Estado de derecho. El eclipse del sentido de Dios trae aparejado el eclipse del sentido del hombre; perdiendo el sentido de Dios, se tiende a perder también el sentido sagrado de toda la vida humana, de su dignidad eminente. La vida es un bien. La vida humana es original y diversa de los animales. Ciertamente, el hombre proviene del polvo de la tierra *(Gn.* 27; 319; *Job* 3415), pero es manifestación de Dios en el mundo, signo de su presencia, resplandor de su gloria *(Jn.* 126-127). La altísima dignidad del hombre tiene sus raíces en el vínculo íntimo que lo une a su Creador.

En el libro *Eclesiástico* se afirma que Dios, al crear a los hombres, "los revistió de una fuerza como la suya y los hizo a su imagen" *(Eclo.* 17, 3). Esa dignidad del hombre se afirma en el mismo libro veterotestamentario: "De saber e inteligencia los llenó, les enseñó el bien y el mal" *(Eclo.* 6). Capacidad para conocer la verdad, libertad y responsabilidad son prerrogativas de la dignidad humana. Sólo el hombre, entre todas las criaturas visibles, "tiene capacidad para conocer y amar a su Creador" (Concilio Ecuménico Vaticano II, const. past., *Gaudium Et Spes,* sobre la Iglesia en el mundo actual, 12). El Sumo Pontífice actual advierte lúcidamente: la vida que Dios da al hombre es mucho más que un existir en el tiempo. Es tensión hacia una plenitud de vida, *germen de una existencia que supera los mismos límites del tiempo:* "Porque Dios creó al hombre para la incorruptibilidad, le hizo imagen de su misma naturaleza" *(Sb.* 2, 23). Ahora bien, si la vida del hombre es tensión hacia la plenitud sustancial, resulta injustificable que el Estado trunque esa tensión hacia la plenitud de vida, ese germen de existencia sobretemporal.

La dignidad de todo hombre está justificada en textos bíblicos y en la tradición de la Iglesia: "Apenas inferior a los ángeles le hiciste, coronándole de gloria y de esplendor" *(Sal.* 8-6). Al hombre, incluido el criminal más perverso, se le ofrece el don de la vida eterna: "Todo el que vive y cree en mí, no morirá jamás" *(Jn.* 11-26).

Algunos textos bíblicos parecen decisivos para rechazar la pena de muerte: "Yo doy la muerte y doy la vida" *(Dt.* 32, 39). Sólo Dios —me permito comentar—, y no el Estado, puede dar la muerte y la vida; por tanto, la vida y la muerte del hombre están en las manos de Dios, mas no en las del Estado: "No fue Dios quien hizo la muerte, ni se recrea en la destrucción de los vivientes; Él todo lo creó para que subsistiera" *(Sb.* 1, 13-14). A cualquier homicida se le puede preguntar: "¿Qué has hecho?" *(Gn.* 410). Si es así como Dios se dirigió a Caín después que éste mató a su hermano Abel, también cabría preguntar al Estado, que tiene instituida la pena de muerte y que mata al reo por manos del verdugo: *¿qué has hecho?*

Después de haber profundizado en el pensamiento de san Agustín, de santo Tomás y de la tradición canónica de la Iglesia primitiva, con la oportuna consulta a los biblistas modernos, el filósofo y teólogo dominico Niceto Blázquez quedó convencido de la ilegitimidad de la pena capital. He aquí sus palabras: "Me convencí de que incluso desde el punto de vista racional, la validez ética de la pena de muerte como castigo legal, por parte de la suprema y legítima autoridad del Estado, resulta insostenible, vistas las cosas desde la perspectiva realista de la dignidad radical de todo hombre y de su derecho inalienable e inviolable a la vida, por más que moralmente pueda ser calificada de perversa y antisocial" *(Pena de muerte,* san Pablo, colección Teología, Siglo XXI, Madrid, 1994, p. 5).

En el quinto precepto, o mandamiento del *Decálogo,* se manda, de manera clara e imperativa: *no matarás (Éx.* 20, 13). El respeto de la vida humana debe ser absoluto. El mandamiento prohíbe toda muerte voluntaria —la legítima defensa se excluye por derecho natural—, abarcando esta prohibición al homicidio voluntario, al aborto, a la eutanasia y al suicidio. Cabe también la legítima defensa de la paz, evitando la guerra hasta donde sea posible. La moral de Cristo frente a la ley del talión es una nueva moral basada en el amor cristiano a los enemigos. Para convencernos de esta nueva actitud del nuevo hombre, bastaría consultar algunos textos decisivos del *Nuevo Testamento:* "Habéis oído que se dijo a los antepasados: *no matarás* y aquel que mate será reo ante el tribunal. Pues yo os digo: todo aquel que se encolerice contra su hermano será reo ante el tribunal; pero el que llame a su hermano 'imbécil' será reo ante el 'Sanedrín', y el que le llame 'renegado' será reo de la gehena de fuego" *(Mt.* 5, 20-22). "Pero yo os digo a los que me escucháis: amad a vuestros enemigos, haced bien a los que os odien, bendecid a los que os maldigan, rogad por los que os maltraten… y lo que queráis que os hagan los hombres, hacédselo vosotros igualmente. Si amáis a los que os aman, ¿qué mérito tenéis? Pues también los pecadores aman a los que aman" (*Lucas* 6, 27, 28, 31, 32). En estas citas de las *Sagradas Escrituras* se pone de relieve la superación de la moral veterotestamentaria y la instauración del nuevo Reino del Amor. Todos los preceptos judiciales y ceremoniales del *Antiguo Testamento* quedarían cancelados y rectificados por el *Nuevo Testamento*. No se ve cómo pueden armonizarse las muertes decretadas por un tribunal de justicia con los sentimientos que tuvo Cristo. ¿Es que el Estado puede dar la espalda al espíritu del *Nuevo Testamento* y cerrar los ojos mientras juzga al reo y le ejecuta con la pena de muerte? Verdaderamente no resulta cristiano ni lógico prescindir de los sentimientos de Cristo, desactivándolos y poniéndolos entre paréntesis, mientras se mata tras el proceso judicial. El mandamiento "no matarás" está incluido, confirmado y profundizado, en toda su validez, en el precepto positivo del *amor al prójimo sin distinción alguna*. Y no hay otra forma de ser cristiano: "Si quieres encontrar en la vida, guarda los mandamientos" (*Mt.* 19, 16, 17). Hay que cuidar al hermano, al forastero, al encarcelado. El *Nuevo Testamento* culmina con la oración por el enemigo con la providencia universal de Dios: "Pues yo os digo: amad a vuestros enemigos y rogad por los que os persiguen, para que seáis hijos de vuestro Padre Celestial, que hace salir su sol sobre malos y buenos, y llueve sobre justos e injustos" (*Mt.* 5, 44-45; *cf. Lucas* 6, 28, 35).

Me interesa destacar la nueva *exigencia de veneración y amor* hacia cada persona, hacia cada vida humana sin excepción alguna, sin distinción entre ciudadanos comunes y "reos de muerte". El apóstol Pablo dice en una de sus epístolas: "La caridad no hace mal al prójimo" (*Rn.* 13, 10). Por tanto, la caridad es la ley en su plenitud. ¿Quién dio permiso a un juez que se dice cristiano y que parece respetar el precepto "no matarás", el cual es norma de derecho divino y de derecho natural, para hacer una excepción y emitir una sentencia de muerte?, ¿cómo es posible mandar matar, amparándose en vanos raciocinios aristotélicos de que el todo (bien común) vale más que las partes que la integran (el bien personal y la dignidad de cada ser humano)? El precepto "no matarás" nunca puede ser transgredido. Éste y los demás preceptos se resumen en la fórmula: "Amarás a tu prójimo como a ti mismo" *(Rm.* 13, 9-10; *cf. Gn.* 5, 14). El apóstol Juan afirma de modo contundente: "Todo el que aborrece a su hermano es un asesino, y sabéis que ningún asesino tiene vida eterna permanente en él" *(Jn.* 3, 15). Si hay un verdadero derecho a la propia defensa es por el valor intrínseco de una vida que sufre un ataque violento y por el deber de amarse a sí mismo, no menos que los demás. El legítimo amor a sí mismo puede ser renunciable, como derecho, en aras de un amor heroico inspirado en las bienaventuranzas evangélicas. El resultado mortal para el agresor es consecuencia de su propia e injustificable acción.

Vale la pena escuchar la palabra de Juan Pablo II *(op. cit.)* en su *Carta encíclica sobre el valor y el carácter inviolable de la vida humana:*

> En este horizonte se sitúa también el problema de la *pena de muerte,* respecto a la cual hay, tanto en la Iglesia como en la sociedad civil, una tendencia progresiva a pedir una aplicación muy limitada e, incluso, su total abolición. El problema se enmarca en la óptica de una justicia penal que sea cada vez más conforme con la dignidad del hombre y, por tanto, en último término, con el designio de Dios sobre el hombre y la sociedad. En efecto, la pena que la sociedad impone "tiene como primer efecto el de compensar el desorden introducido por la falta". La autoridad pública debe reparar la violación de los derechos personales y sociales mediante la imposición al reo de una adecuada expiación del crimen, como condición para ser readmitido al ejercicio de la propia libertad. De este modo, la autoridad alcanza también el objetivo de preservar el orden público y la seguridad de las personas, no sin ofrecer al mismo reo un estímulo y una ayuda para corregirse y enmendarse.
>
> Es evidente que, precisamente para conseguir todas estas finalidades, *la medida y la calidad de pena* deben ser valoradas y decididas atentamente, sin que se deba llegar a la medida

extrema de la eliminación del reo, salvo en casos de absoluta necesidad, es decir, cuando la defensa de la sociedad no sea posible de otro modo. Hoy, sin embargo, gracias a la organización cada vez más adecuada de la institución penal, estos casos son ya muy raros, por no decir *prácticamente inexistentes.*

De todos modos, permanece válido el principio indicado por el nuevo *Catecismo de la Iglesia católica,* según el cual "si los medios incruentos bastan para defender las vidas humanas contra el agresor y para proteger de él el orden público y la seguridad de las personas, en tal caso la autoridad se limitará a emplear sólo esos medios, porque ellos corresponden mejor a las condiciones concretas del bien común y son más conformes con la dignidad de la persona humana".

Si se pone tan gran atención al respeto de toda la vida, incluida la del reo y la del agresor injusto, el mandamiento "no matarás" tiene un valor absoluto cuando se refiere a la *persona inocente.* Tanto más si se trata de un ser humano débil e indefenso, que sólo en la fuerza absoluta del mandamiento de Dios encuentra su defensa radical frente al arbitrio y a la prepotencia ajena [*Evangelium Vitae,* 56-57, Librería Editrice Vaticana, 1995, pp. 78-80].

Adviértase que el Papa actual concluye que los casos en los cuales se podría justificar la pena de muerte serían muy raros, por no decir *prácticamente inexistentes.* ¿Cuál sería ese caso? Sólo cuando la defensa de la sociedad no puede darse de otra manera —absoluta necesidad— que con la medida extrema de la eliminación del reo, pero este caso difícilmente se presenta en la práctica. La sociedad tiene a su alcance muchos y más humanos medios para defenderse de la peligrosidad de un reo. La vida humana del reo merece el respeto de toda vida, de manera que el reo no pierde jamás su dignidad de ser persona humana, hijo adoptivo de Dios y hermano de Cristo. En el reo no sólo está la imagen de Cristo, por empañada que se presente, sino también cabe aún la virtud de la esperanza, del arrepentimiento y de la conversión.

En todo caso, trataríase de una especie de legítima defensa de la sociedad en extremo peligro, frente a un injusto agresor. La prohibición de matar estatuida en el quinto precepto del *Decálogo* no dice, de manera alguna, que sólo se refiera a los inocentes. Los defensores de la pena de muerte no hablan de las rectificaciones introducidas por Jesucristo en el *Nuevo Testamento;* al respecto, Bernardo Häring afirma: "La excesiva benignidad con los criminales es una verdadera crueldad con los inocentes, quienes se ven privados de toda protección eficaz" *(La ley de Cristo,* vol. II, Barcelona, 1970, p. 216). Una recta posición abolicionista no tiene por qué caer en la excesiva benignidad de los criminales, de modo que todo exceso es malo. La opinión del ilustre moralista alemán, en torno a la pena de muerte, es un tanto vacilante: por una parte establece la legitimidad con que la autoridad puede a veces imponerla en caso necesario; por la otra, asevera la bondad de la tesis abolicionista: "¿Por qué no establecer, como norma general, el derecho de gracia y no el derecho de imponer tan severo castigo? La abolición de la pena capital no debilita el sentido de la justicia, ni es causa de que aumente la criminalidad" (Bernardo Häring, *loc. cit.)* Los textos veterotestamentarios carecen de autoridad ante la nueva ley de Cristo. La ley del talión está condenada y en su lugar se instaura el mandamiento nuevo del amor al prójimo incluidas la tradición apostólica y la práctica cristiana más realista, más respetable y más apegada a la ley del amor, que lleva a concluir en la fidelidad radical al quinto mandamiento: no matarás.

¿Cómo es posible que un siervo de Dios pronuncie sentencias de muerte?, ¿acaso hay alguna diferencia entre matar con una espada, con una pistola o con palabras escritas en una sentencia judicial que hacen terminar en la silla eléctrica o en la cámara de gas? Por mi parte repudio, en conciencia informada por la ley natural, la llamada *venganza legal,* perpetrada con la *desejemplar y cruel pena de muerte.* Siempre me parecerá más humano *posibilitar la rehabilitación del reo y evitar errores judiciales irreparables,* que matar al perverso, al desequilibrado, al ajusticiado.

5. La pena de muerte conculca el derecho humano a la vida

El hecho de que la pena de muerte se haya aplicado miles de veces y en múltiples lugares no impide que filósofos, teólogos, juristas y criminólogos de diversas épocas y de distintas nacionalidades hayan manifestado su resistencia al hecho de matar, aunque se trate de un *homicidio legal*. El espíritu cristiano condena de forma absoluta, inequívoca, todo homicidio. Hay una natural repugnancia hacia la violencia y hacia la efusión de sangre, pero se trata no sólo de un sentimiento de la sociedad cristiana, sino también de un estricto respeto al *ser humano deiforme, teofánico y teotrópico*.

Aunque el quinto mandamiento no hubiese estado inserto en el derecho revelado, este precepto de no matar se ubica de modo firme en ese derecho intrínsecamente justo —que la tradición ha llamado derecho natural—, que resulta cognoscible por la sola razón natural y es congruente con la cabal naturaleza. Por eso es natural en un doble sentido.

6. Texto de santo Tomás sobre la pena de muerte

En los primeros tiempos del Imperio Cristiano se trató de legitimar la pena de muerte y el servicio militar: por una parte, se prohibía a los clérigos, como regla absoluta, el hecho de matar; por otra, se solapaban los fallos de las sentencias de muerte decretadas por el Estado. Hay un conocido texto de santo Tomás de Aquino muy desafortunado y que ha servido a toda la tradición posterior de los partidarios de la pena de muerte. He aquí el texto que se encuentra en la *Summa Theologica:*

Matar a pecadores no sólo está permitido, sino que es necesario si son perjudiciales o peligrosos para la comunidad.

Hemos visto anteriormente que *es lícito matar animales*

porque están naturalmente ordenados al servicio del hombre, como lo imperfecto a lo perfecto. Efectivamente, *toda parte está ordenada al todo, como lo imperfecto a lo perfecto,* por lo cual *toda parte es por naturaleza para el todo.* Por esto vemos que si *la amputación de un miembro* conviene para la salud de todo cuerpo humano, ya *porque este miembro esté corrompido o porque corrompa a otros miembros, es loable y sano cortarlo.* Ahora bien, *los particulares son a la comunidad humana como la parte al todo.* Por eso, si *un hombre* es peligroso para la comunidad y si ejerce un influjo corruptor a causa de algún pecado, *es loable y sano matarlo* a fin de que quede salvaguardado el bien común.

Más adelante *(ad* 3) añade:

El hombre, al pecar, se desvía del orden de la razón. Con esto decae de la dignidad humana que le hace libre por naturaleza y existente para sí mismo. Cae así en el estado de servidumbre de los animales y queda ordenado a la utilidad ajena... Por esto, aunque *en sí esté mal matar a un hombre en posesión de su dignidad humana, puede ser bueno matar a un pecador como matar a un animal.* En efecto, el hombre malo es peor y más perjudicial que la bestia, como dice Aristóteles.

Este artículo va seguido de otro que establece: *Sólo está permitido a los príncipes y a los jueces, no a los particulares, matar a los pecadores (ST.,* II-II, q. 64, a. 2, c).

7. Crítica a la tesis de santo Tomás de Aquino

Expuesta la doctrina, enseguida se analiza el texto. La primera afirmación del aquinense omite considerar que la *privación de libertad, temporal o perpetua, es suficiente para castigar al delincuente y guarecer a la comunidad.* Santo Tomás carece de autoridad y de razón para anular en este caso el quinto precepto del *Decálogo,* que es también precepto del derecho natural. En segundo lugar, cabe advertir que *no vale comparar la matanza de los animales con la matanza de los hombres. Comete un grave error santo Tomás de Aquino al tratar a la persona humana como si fuese un simple trozo de la naturaleza —orgánica o inorgánica— ordenada al todo,* dejándose llevar por su excesivo aristotelismo; el preclaro humanista habla de que toda parte esté ordenada al todo, como lo imperfecto a lo perfecto, por lo cual *toda parte es por naturaleza para el todo.* Ahora bien, *no es verdad que el ser humano sea a la sociedad como la parte al todo.* El todo (la comunidad) y la parte (la persona humana) no son aquí de la misma naturaleza, y el todo (la sociedad o la comunidad) está al servicio de las partes (la sociedad al servicio de las personas). Cabe recordar que *el bien común es sólo un fin intermedio* y que *el bien común aportado se traduce en bien común distribuido. El hombre es relativamente para la sociedad, pero la sociedad es absolutamente para el hombre.* Ningún hombre o mujer, ningún ciudadano culpable o inocente está al servicio de la sociedad por lo que respecta a sus derechos esenciales. La sociedad, en última instancia, está constituida para ayudar a todas las personas humanas a vivir y a desarrollarse en plenitud; así, es válido que el Estado defienda a los miembros de la sociedad contra los agresores culpables y que ayude a reparar sus faltas; pero *jamás podrá justificarse el sacrificio de una persona que nunca deja de tener su dignidad, cuando hay otros medios de tutela jurídica.* En tercer lugar, *no resulta afortunada la comparación biologizante de un miembro que conviene amputar para la salud de todo el cuerpo humano, porque el hombre, en lo específicamente humano, empieza más allá de la biología. También los reos sentenciados a muerte son espíritus encarnados.* En cuarto lugar, aunque resulta cierto que el hombre, al pecar, se desvía del orden de la razón, *no es verdad que decaiga su fundamental dignidad humana, que es de base metafísica, óntico-axiológica. Nunca es posible —como quiere el aquinense— equipar al hombre al estado de servidumbre de mis animales, que existen ordenados a la utilidad ajena. Personalmente me resulta grotesca la tajante frase del Doctor Angélico: "Puede ser bueno matar a un pecador como matar a un animal".* Sólo esa desmedida admiración que santo Tomás profesó por Aristóteles explica estas aseveraciones y estas comparaciones analizadas. No basta que un hombre sea pecador y perjudicial para que se le pueda matar. Tomás de Aquino no parece advertir que el *pecado y el delito no hacen perder al pecador y delincuente, su derecho a la vida humana y a la integridad corporal.*

El derecho penal, en la época de santo Tomás de Aquino, era un *derecho salvaje.* Cualquier señor feudal se creía tener el supremo derecho de justicia; cada señor feudal condenaba a muerte a sus vasallos, según su talante, lo mismo por faltas graves que por faltas ligeras. El propio san Luis, rey de Francia, con sus *Etablissements 1270,* se propuso limitar la pena de muerte, aunque *prescribió todavía el garrote* para múltiples delitos y también *la pena del fuego por energía,* crimen contra la naturaleza, magia y hechicería (Loiseleur, *Les crimes et les peines,* pp. 137-140). En esa época abundaron los casos de pena de muerte contra delitos mayores y menores, incluso *se acostumbraba ahorcar a niños de nueve o 10 años,* había torturas bárbaras y un derecho penal hecho para inspirar terror. Los moralistas de ese tiempo no reaccionaron eficientemente contra ese terrible derecho penal.

Un moralista belga de nuestros días, lúcido y penetrante, critica con razón al aquinense:

Sean cuales fueren los motivos, lo cierto es, en todo caso, que el problema no despertó la atención de la teología católica. Ésta sólo se puso en guardia debido a las tesis de los herejes. Para que los teólogos se ocuparan de los límites del derecho del Estado a matar, hubieran hecho falta, seguramente, herejes que hicieran profesión de permitir al Estado matar a todos los pecadores.

Los textos de santo Tomás citados antes indican que *el Doctor Angélico pasa por las cuestiones rápida y superficialmente,* sin ver en ellas el menor problema. Si se aplicara el principio de que al pecar pierde el hombre sus derechos humanos, se seguiría que nadie podía gozar de los derechos de la naturaleza humana, dado que todos los hombres son pecadores. Y si se añade que no se rebajan al rango de los animales sino cuando los crímenes son nocivos o contagiosos, habrá que reconocer que el soberbio, el perezoso, el egoísta y el lujurioso son a menudo más contagiosos que el asesino y, por lo menos, más peligrosos para el porvenir de la sociedad que el asesino o el ladrón ocasional [Jacques Leclercq, *Derechos y deberes del hombre según el derecho natural*, Biblioteca Herder, Sección de Ciencias Sociales, Barcelona, 1965, p. 91].

No hay derecho del Estado a disponer de la vida humana, porque el derecho a la vida física es incondicional, absoluto, inviolable; más aún, el Estado debe proteger todas las vidas humanas, tanto las de los inocentes como las de los culpables. *Tenemos el deber de aceptar la vida y el derecho de exigir el respeto de la existencia humana por los demás*, deber de respeto a la vida ajena y derecho a la defensa de la propia vida. La prohibición del homicidio y del suicidio, con la debida excepción del derecho de la legítima defensa, se impone por la recta razón. El apego a la vida es el instinto primordial de conservación. Toda vida posee un poder interno para desarrollarse y una resistencia a la destrucción; la vida es el primero de los bienes. Se puede renunciar a los demás bienes, pero no a la vida, que es superior a los demás bienes. Para el pueblo, el primer mandamiento es no matar. El homicidio inspira siempre un horror especial, no importa que el homicida esté revestido con una toga judicial o con un uniforme de verdugo. La conciencia espontánea del hombre está en consonancia con el precepto "no matarás", pronunciado por Yahvé y dirigido a Moisés desde el Sinaí. Matar es algo que se opone al dominio soberano del Ser fundamental y fundamentante sobre el ser racional, finito y fundamentado. El espíritu encarnado posee la vida como acto de servicio y no puede abandonar este servicio ni renunciar a él. La existencia humana no está a disposición del hombre, porque el hombre no es Señor de la Existencia. Si todos los hombres tienen un derecho rigurosamente igual de atender hacia su fin, incluidos los criminales, esta igualdad se manifiesta, ante todo, en una estricta igualdad ante la vida que a nadie excluye. *Las personas humanas tienen, como razón de ser, en primer término, la de realizar su perfección y este derecho no podemos quitárselo a persona alguna, por abyecta que sea. El Estado no es dueño de la vida y de la muerte.* El principio de la igualdad fundamental, de naturaleza óntica y axiológica, no es cedible ni renunciable. Al crimen no se le debe responder con otro crimen, por más que se quiera legitimar el *homicidio judicial. Nadie puede usurpar el derecho del ser fundamental y fundamentante sobre los seres finitos y fundamentados. La pena de muerte es injusta porque viola la ley divina, la ley natural y el justo principio de la responsabilidad en caso de error judicial;* además, dicha pena no ejerce efecto alguno disuasivo del crimen en los delincuentes pasionales y en los otros tipos de delincuentes que toman la pena capital como un riesgo del oficio. Los sistemas carcelarios contemporáneos son suficientes para guarecer la seguridad social.

A los reos que llevan al patíbulo, lo que verdadera y primordialmente les importa no es morir con suavidad o brusquedad, decorosa o indecorosamente, sino sólo piden —o pedirían si pudiesen— no morir. El ser humano, en su dinamismo ascencional, pide vida y más vida. *Todo ser en cuanto es tiende a preservar en su ser.* Yo he dado un paso más, en relación con este principio sentado por Spinoza en la tercera parte de su ética, al sentar el siguiente axioma para la antropología filosófica: todo ser humano en cuanto es *tiende a ser en plenitud,* porque el hombre no quiere morir, sino vivir.

Resulta patente la sobrevaloración de Aristóteles, por parte de santo Tomás de Aquino, a quien llama "El Filósofo", como si fuera el único, como si no existieran otros filósofos y otros genios, como Sócrates y Platón. La dependencia excesiva que santo Tomás de Aquino tuvo hacia Aristóteles le impidió ver claramente el *carácter infravalente del bien común.* No quedó claro —porque hay textos en un sentido y en otro— la evidente supremacía de la persona humana y de su fin último, así como su dignidad en la esfera óntico-axiológica, que no se pierde con el mal comportamiento en la esfera moral. Esa dialéctica aristotélica, netamente pagana, de *todo y partes,* obnubila al aquinense. Por ser infravalente, el bien común aportado se traduce en bien común distribuido. El derecho natural y primordial a la vida y a la integridad corporal, insuprimible, imprescriptible e inalienable, no puede ser sacrificado —contraviniendo el contundente precepto *no matarás*— en aras del *todo* social, de un supuesto bien común, que en realidad no lo es porque atenta al derecho de vivir y a la dignidad de toda persona humana, independientemente de sus actuaciones éticas. Nada dice el Doctor Angélico de la pena de privación de la libertad —que puede ser perpetua— para los delincuentes que pudieran ser incorregibles.

III. SAN AGUSTÍN Y SANTO TOMÁS FRENTE AL PROBLEMA DE LA PENA DE MUERTE

SUMARIO: 1. La posición de san Agustín. 2. La posición de santo Tomás. 3. La superioridad axiológica de la doctrina agustiniana sobre la doctrina tomista.

1. LA POSICIÓN DE SAN AGUSTÍN

San Agustín, obispo y doctor, se enfrentó al tema de la pena de muerte con singular lucidez, con brío dialéctico, con acendrado humanismo, con verdadero espíritu evangélico. En la obra de san Agustín, escrita a lo largo de muchos años, es natural que algunos textos muestren diversidad en puntos de vista sobre el tema de la pena capital; pero la doctrina estable, decisiva, final, sólida, profundamente humana y cristiana, es lo que vale a final de cuentas. Cabe decir que san Agustín está en pro de la abolición de la pena de muerte.

Las leyes represivas contra las tropelías de los donatistas y de la idolatría pagana estaban a la orden del día. Dentro de su ministerio pastoral, san Agustín se opuso a que los reos de muerte fuesen ejecutados, aunque lo autorizara una ley positiva. No había caso, por grave que fuese, que justificase la pena de muerte, y se trata no simplemente de razones de misericordia cristiana —aunque son las más altas—, sino de sólidas razones de estricta justicia. Es el hombre quien introduce, con su libre arbitrio, el mal en la sociedad. El ser humano, metafísicamente libre —y, en consecuencia, responsable— puede cometer pecados que, al exteriorizarse, se convierten en delitos o crímenes que dañan el bien común. Algunos pecados transcurren en el fuero interno de la persona, nos exteriorizan y no dañan el bien común. De los crímenes o delitos se ocupan los tribunales humanos, pero estos últimos, que se rigen por imperativos de justicia, deben respetar la dignidad del ser humano, que es creatura de Dios. En buena tesis, la represión de los delitos no debe estar motivada por impulsos primarios de *vindicta* pública o privada. Las represiones sociales tienen sus límites; como obispo, san Agustín intervenía para mitigar penas y lograr perdones de reos convictos. La intercesión episcopal no trataba, en manera alguna, de solapar o anular los delitos del acusado, sino de contribuir a que la justicia resplandeciese. San Agustín nunca quiso constituirse en defensor del uso, que se ocupaba de la impunidad del acusado, aun a costa de encubrir verdades y negar crímenes. Sabía muy bien que los hombres son punibles porque tienen capacidad para delinquir, pero también sabía que el diálogo abierto y la persuasión racional eran muy convenientes. La represión social, aunque fuese mínima, resultaba indispensable para poner coto a los desmanes y a las atrocidades cometidas por felones; sin embargo, el digno sostenimiento de la existencia humana no debía sobrepasarse jamás.

El criminal, por grande que sea, no pierde su dignidad. La dignidad metafísica y axiológica —apuntamos nosotros— es obra de Dios, mientras que el pecado delictuoso es obra del hombre. La consecuencia es clara: reprimir el delito y respetar la inalienable dignidad que como persona tiene el hombre que cometió el delito. El santo y sabio obispo de Hipona pone de relieve su incondicional respeto a la vida humana:

¿Eres juez? [...] júzgate a ti mismo —escribe— para que puedas juzgar con conciencia limpia a los demás [...] Castigarás el pecado, pero no al pecador. Si alguno resistiera y no corrigiera sus delitos, persigue tal resistencia, esfuérzate en corregirla y suprimirla, pero de tal modo que se condene el pecado y se salve el hombre. Porque una cosa es el hombre y otra el pecador. Perezca lo que hizo el hombre y sálvase la obra de Dios. Por lo tanto, *no oses jamás llegar hasta la pena de muerte en tus sentencias*, para que, al condenar el pecado, no perezca el hombre [...] Debéis ser duros contra el mal y atacarlo, pero no contra el hombre que lo comete, contra el mal habréis de ser incluso crueles, pero no contra quien ha sido hecho como vosotros. Todos, jueces y delincuentes, habéis sido sacados de la misma cantera [...] No me opongo en modo alguno a que se usen las penas. Pero que se usen con amor, aprecio y voluntad sincera de ayudar al delincuente a corregirse *[Ser.,* 13, 7-8 P. L. 38, 110-111].

San Agustín recomienda a los jueces que empiecen por juzgarse a sí mismos, para que puedan juzgar con limpia conciencia a los demás; ojalá que todos los jueces del mundo siguiesen este precepto de higiene mental para que procediesen en justicia y sin prejuicios. Que se condene el delito, pero que se salve el delincuente. La razón es clara: lo que hizo mal el hombre debe repararse en justicia, pero la obra de Dios, que es la existencia humana, debe salvarse. El repudio de la pena de muerte en san Agustín es indubitable: "No oses jamás llegar hasta la pena de muerte en tus sentencias". ¿Cabe mayor claridad? Jueces y delincuentes han sido sacados de la misma "cantera". Agustín de Hipona no se opone al uso de las penas, sino simplemente prescribe que se apliquen con voluntad sincera de ayudar al delincuente a corregirse, enmendarse. También el amor, el aprecio y la voluntad pueden y deben *prodigarse* a los delincuentes. Hasta ahí llega el luminoso y admirable espíritu evangélico del más grande genio de la cristiandad. Al menos yo —y creo que muchos autores más estarán de acuerdo conmigo— le tengo por el genio de mayor vuelo intuitivo, de mayor creatividad, de mayor especulación originaria y original dentro de la cristiandad.

Superar la ley del talión es superar la expresión de la venganza. La venganza muestra autointoxicación, mezquindad, odio, mientras que el perdón cristiano y agustiniano muestra salud mental, grandeza, amor. Cuantas veces fracasaba en pedir la gracia del perdón para el reo condenado a muerte, san Agustín sentía una tristeza enorme y un abatimiento pasajero. Basta con fustigar los delitos y castigar a los delincuentes, sin recurrir a los abominables verdugos que siegan vidas humanas. El oficio de matar, en cualquier forma, es degradante. No importa que se revista con la toga judicial o la capucha del verdugo. En la disyuntiva de aplicar la ley positiva o de seguir los dictados de la ley natural, san Agustín nunca tuvo dudas. A los magistrados les instaba a que evadiesen la ley vigente, cuando en verdad era mera cáscara normativa sin sustancia de justicia, para que siguiesen los dictados de la ley natural, que es reflejo de la ley eterna. El perdón, por arriba de la venganza. No es que san Agustín se solidarizase, directa o indirectamente, con los delitos que se trataba de penalizar con la pena capital; más bien, no quería, a ningún precio, que se destruyese a la persona del delincuente.

Niceto Blázquez analizó concienzudamente los textos diversos de san Agustín acerca de la pena de muerte, distinguiendo pasajes breves o comentarios sueltos sobre hechos consumados, de las reflexiones, aunque sean de paso, sobre algún texto bíblico. A veces, el santo obispo de Hipona narra hechos que no aprueba, leyes vigentes con las que no está de acuerdo y casos de muerte *involuntaria* o *indirecta,* como la legítima defensa contra el injusto agresor. Pero estos casos, como bien apunta el fraile dominico, nada tienen que ver con la pena de muerte como castigo jurídico sentenciado por un tribunal de justicia. Hechas estas salvedades, cabe concluir:

> Aun san Agustín no se planteó nunca directamente la cuestión en sí misma de la pena de muerte de una manera expresa. Las razones que alega para impedir que ninguna posible sentencia capital fuera puesta en práctica son de tal naturaleza, que autorizan a formular una respuesta en estos términos: de hecho negó expresamente la eticidad de la pena capital e indirectamente la negó también de derecho. Las razones que invoca son esencialmente teológicas, basadas en la conducta de Cristo y en el espíritu de *El sermón de la montaña.* Los argumentos de tipo filosófico le son completamente extraños y supone que la ley antigua o veterostestamentaria ha sido cancelada por Cristo [*Pena de muerte,* edición San Pablo, colección Teología, Siglo XXI, Madrid, 1994, p. 28].

Abolir por amor la pena de muerte no significa, como parece creer el sacerdote Emilio Silva, abolir el orden de la justicia, por confusión entre el "orden de la caridad con el orden de la justicia" (véase Emilio Silva, *Legitimidad de la pena de muerte*, Librería Parroquial de Clavería, México, p. 198). La punibilidad de los herejes y malhechores, que tanto preocupó a san Agustín, le hizo escribir, dentro del ingente volumen de sus escritos redactados durante 46 largos años, textos diversos que se han entendido en distintos sentidos. Cabe traer a colación un texto de san Agustín, en su obra *El sermón de la montaña*, que requiere una exégesis cuidadosa. El santo doctor advierte que ha habido grandes y santos varones "que castigaron algunos pecados de muerte, a fin de infundir un miedo saludable a los vivos, y tratando que a los tales penados no dañase la muerte misma, sino el pecado que, en caso de seguir ellos viviendo, habría ido en aumento. No procedieron temerariamente los que tal *inspiración* recibieron de Dios". Nótese que san Agustín habla de una inspiración recibida directamente de Dios, como hecho sobrenatural; además, se trata de hechos que ya sucedieron. En buena interpretación, no cabe extender a los casos comunes cotidianos y civiles esta manera de castigar. A continuación, el teólogo y filósofo hiponense cita el caso del profeta Elías, quien "dio muerte a muchos, ya con su propia mano, ya impetrando fuego del cielo, y así también lo hicieron muchos otros grandes e inspirados varones, sin pecar de temerarios, con el mismo deseo de mirar por el bien de los humanos" (*El sermón de la montaña*, XIX, 64, Ediciones Palabra, Madrid, 1976, p. 93). Estos hechos fuera de serie, que se narran en las *Sagradas Escrituras* y que comenta el santo doctor, no pueden ser extendidos contra el espíritu mismo de *El sermón de la montaña*. San Agustín nunca perdió de vista la situación de la ley del talión por la ley cristiana del perdón. Instó a los magistrados, una y otra vez, para que no aplicasen la pena de muerte. Aconsejó poner la conciencia moral, informada por la ley natural (no matarás) sobre la fuerza de una ley escrita, que suele ser ley de la venganza. No se trata de tolerar los delitos, sino de evitar la destrucción de los delincuentes. Aconsejaba medios suasorios y se oponía vigorosamente a toda suerte de violencias, torturas o muertes. A través de la convicción y del amor, nunca por medio

de la violencia y de la pena de muerte, las ovejas extravia-
das (los delincuentes) pueden ser reconducidas al redil.

Ningún autor ha podido citar un texto claro y contundente en el cual san Agustín afirme que la pena de muerte
es *lícita*. Emilio Silva, al exponer el pensamiento del obispo de Hipona sobre la pena de muerte, afirma: "La muerte
será lícita siempre y cuando sea aplicada por quien esté
revestido de legítima autoridad y que proceda no por egoís-
mo o venganza, sino con amor, como el padre que castiga
al hijo pequeño, al cual, por su tierna edad, no puede abo-
rrecer" (*Legitimidad de la pena de muerte*, Librería Parroquial de Clavería, México, p. 202). En primer lugar, cabe
decir que san Agustín nunca usa la palabra *lícita* o el término *licitud;* en segundo lugar, es válido decir que cuando
san Agustín de Hipona habla de que el juez o magistrado
esté revestido de legítima autoridad, se refiere a una mera
legalidad positiva, que nada tiene que ver con la licitud o
ilicitud en el ámbito moral y en el campo del derecho intrínsecamente justo. Emilio Silva parece no darse cuenta
de lo que es una mera concesión a la "legalidad" establecida.
En buena tesis, cabe decir que esa "legalidad" establecida es
una "seudolegalidad". El propio san Agustín se lo había
advertido a un magistrado en la práctica de su ministerio
pastoral como obispo. El singular humanista se opuso sistemáticamente a la pena de muerte. Cuando el santo y sabio obispo de Hipona se dirige a Donato, procónsul del
África, le suplica que cuando asista a los pleitos de la Iglesia... "olvide la potestad que tiene de matar" (E. P., 109,
A Donato, 2, Biblioteca de Autores Cristianos, vol. VIII,
p. 691). No reconoce, en manera alguna, la licitud de matar,
sino sólo se refiere a la potestad que erróneamente le han
conferido para matar. De otra suerte no se podría entender
el ruego del santo obispo y doctor de la Iglesia: "No derra-
mes tu sangre con tu espada jurídica". San Agustín suplicó
al procónsul africano que excluyese la pena de muerte en
la aplicación del edicto imperial. Ciertamente, advirtió la
necesidad de la intervención de la potestad civil para
reprimir las peligrosas y violentas herejías de su tiempo,
pero nunca hizo mención expresa de la aprobación de la

pena de muerte que se incluía en los edictos imperiales. Todo lo contrario: suplicó que no se aplicara el último suplicio a los herejes. Lo humano y lo cristiano, para el humanista padre de la Iglesia, era dar siempre la oportunidad a los herejes de convertirse, de enmendar rumbos. El juez o el verdugo que están autorizados legalmente obedecen a cierta legitimidad, en la cual pueden creer, pero de ninguna manera a la licitud.

Permítase distinguir, con pulcritud, dos conceptos muy diferentes que se expresan en los términos *lícito* y *legítimo*. Según el *Diccionario de la Real Academia de la Lengua*, *lícito* significa: justo, permitido, según justicia y razón, mientras que *legítimo* quiere decir: conforme a las leyes. San Agustín maneja los dos niveles: el de la licitud y el de la legitimidad. Es preciso distinguir estos niveles para no incurrir en lamentables errores. En el plan de la legitimidad, ni el soldado que mata a su enemigo, ni el juez o ministro que da muerte al malhechor, resultan legalmente homicidas, pues sólo obedecen órdenes. Sólo Dios puede saber si estas órdenes se obedecen en buena conciencia o faltando a ella; pero el problema de la licitud atañe a lo justo, a lo permitido según la *justicia* y la *razón*. La pena de muerte nunca podrá ser lícita, porque, según la *justicia* y la *razón*, no está permitido matar. Las retractaciones de san Agustín "jamás hicieron corrección alguna" a este preciso respecto. No cabe decir, en buena lógica, que el obispo de Hipona "da por supuesta y aprueba" la pena de muerte decretada por el brazo secular. Esa pena establecida es simplemente un hecho; de otra manera, no podría entenderse por qué san Agustín pide reiteradamente a los magistrados que no apliquen la pena de muerte. Si esa pena es justa y buena, ¿por qué se opuso san Agustín a que la empleasen los magistrados y sus ministros? Nadie —ni las personas físicas ni el poder civil— debe privar de la vida a cualquier creatura de Dios que sea una persona humana. El bien común está por debajo de la dignidad y del fin último de la persona humana y es un fin intermedio, infravalente. El bien común exige que se respete el derecho sagrado a la vida de todas las personas humanas que integran un pueblo o comunidad.

2. La posición de santo Tomás

Santo Tomás se presenta como un decidido defensor de la pena de muerte. Parece excesivo e incorrecto decir que "su pensamiento es el que corresponde al recto sentir común de la humanidad" (E. Silva). La dignidad de la persona humana no permite ser asimilada, en metáfora biologizante, a un miembro podrido de un organismo. Cabe hacer la cita completa de este defensor de la pena de muerte: "Además, así como el médico amputa con justa razón el miembro apodrecido, si por él está amenazado de corrupción el cuerpo todo, del mismo modo quien gobierna la ciudad justa y útilmente mata a los hombres nocivos, que con su acción amenazaban la convivencia ordenada de los ciudadanos y para que no sea perturbada la paz y concordia en la ciudad" *(op. cit.,* p. 223). No cabe tratar a la persona de un delincuente, por depravado que sea, como si fuera una parte de una masa corpórea social. Si a un diabético no le cortan una pierna engangrenada, podrá morir de gangrena; pero la sociedad no es un cuerpo humano, ni muere porque un delincuente esté en la cárcel y no se le lleve al último suplicio. No se puede matar a los hombres nocivos como si fueran moscas; hay otras formas de evitar y de restaurar la perturbación de la paz y concordia en la comunidad, pero vayamos a los textos de santo Tomás: "Si algún hombre es peligroso a la sociedad y la corrompe con algún delito, es laudable y saludable quitarle la vida para la conservación del bien común" *(Summa Theologica,* 2-2, q. 64, a. 2). La exigencia de la ley natural, el derecho fundamental del hombre a la vida física, no puede vulnerarse porque un ente humano sea peligroso y corrupto. La corrupción y la tutela del bien común se logran con la privación de la libertad, temporal o perpetua, según el grado de su peligrosidad y su mayor o menor readaptación al medio social. El hecho de que no se aplique la pena de muerte —cruel, inhumana, contraria al derecho a la vida y al derecho natural— no signifique que deba haber una impunidad de los delitos.

El doctor aquinense piensa que se puede matar a un

hombre, como también a una planta o a un animal. Otro texto de la misma *Summa Theologica* apunta: "Nadie delinque por el hecho de valerse de una cosa para el fin a que está destinada. Ahora bien, en el orden de las cosas, lo que es menos perfecto debe servir a lo que es más perfecto; y así, las plantas existen, en general, para los animales y éstos para los hombres, que de estas cosas sólo dándoles la muerte se pueden servir. Síguese de ahí que ni la muerte de las plantas ni la de los animales es ilícita a los hombres" (*Summa Theologica*, 2-2, q. 64 a. z). Obsérvese que *el punto de partida en santo Tomás está viciado de raíz* al subsumir el espíritu de la persona en un ámbito de materia inorgánica: plantas y animales. Tras este desafortunado principio, Tomás de Aquino dirá que la muerte de los malhechores, cuando son perniciosos y peligrosos para la sociedad, es necesaria. *Su gran error consiste en pensar que la persona humana, con toda su dignidad, está subordinada —hasta en sus derechos humanos fundamentales— a la sociedad, como una parte del todo, siendo la parte en relación con el todo cosa imperfecta.* Dicho de otra forma: el ser humano en la sociedad estará ordenado totalitariamente al bien de ésta y deberá, si es necesario, ser sacrificado. Esto parece un *puro y grotesco transpersonalismo.* Y el Doctor Angélico prosigue exponiendo: "Cuando algunas personas son como una *peste* perniciosas para otras, su vida es grave obstáculo para el bien común que requiere, como primera condición, el orden y concordia sociales y, por consiguiente, es preciso eliminarlas de la convivencia de la comunidad" (*Summa Theologica*, 2-2, q. 108, a. 3). Con notoria superficialidad o ligereza, el aquinense considera precisa la eliminación de los reos que estorban a la convivencia comunitaria. No piensa que esos reos pueden ser segregados de la sociedad en cadena perpetua y, en otras ocasiones, reintegrados a la sociedad tras la expiación y la enmienda. En la *Summa contra gentiles* (III, cap. 146), santo Tomás asevera que es justo que los malos sean castigados, porque las culpas se corrigen por las penas. Consecuentemente, no pecan los jueces que castigan a los malvados, porque son como ejecutores de la Divina

Providencia. Estoy de acuerdo en que los malos —como quiere santo Tomás— sean castigados, pero no en que las culpas se corrigen siempre con las penas, y mucho menos que una culpa se pueda corregir con la pena de muerte, la cual acaba con la vida del culpable, sin posibilidades de regenerarse.

Nunca se podrá saber si los jueces que aplican la pena de muerte lo hacen con odio o sin él. Las cuestiones de conciencia conciernen a la moral y a la religión. Ciertamente, el crimen no puede permanecer impune. Resulta sostenible, además, que la pena se instituya no sólo para guarecer a la sociedad, sino también para la enmienda y el bien del culpable; pero no es convincente la razón que aduce santo Tomás en favor del ahorcado: "Cuando el juez manda ahorcar el ladrón por homicidio, no le da mal por mal, sino por el contrario bien por mal" (*Rom.* 12, 3). Ni para el ahorcado, ni para los familiares del ahorcado, ni para la sociedad misma, el ahorcamiento se convierte *per se* en bien. Resulta imposible eludir, de esta forma, las enseñanzas del apóstol san Pablo: "No paguéis a nadie el mal con el mal" (*Rom.* 12, 17). Aunque toda potestad provenga de Dios, *el poder de los gobernantes no puede llegar a vulnerar los derechos fundamentales de la persona humana.* El poder del Estado tiene límites morales que jamás se deben transgredir. La verdadera justicia, en materia de castigos a malhechores, pertenece a Dios: "A mí pertenece la venganza y yo les daré en recompensa a su tiempo" (*Deut.* 32, 36). Ningún juez puede constituirse en señor de la vida y de la muerte, so pretexto de cumplir el orden de la Divina Providencia.

No veo cómo un ser humano, por angélico que sea, pueda eludir la parábola en donde el "Señor prohíbe extirpar la cizaña. Santo Tomás cree que en determinados casos puede eludirse esa prohibición: "Dios prohibió arrancar la cizaña para evitar que se le arrancase juntamente el trigo, que son los buenos, cosa que puede ocurrir a veces. En otros casos, sin embargo, es posible suprimir a los malos por la muerte sin temor de perjudicar a los buenos, antes con mucho provecho para ellos. En estos casos, es lícito infligir la pena de muerte" *(Summa contra gentiles,* III C. 146; *Summa Theologica,* 2-2, q. 64, a. 2, 2-2, q. 108 a. z. ad II). El espíritu evangélico, manifestado en el *Nuevo Testamento,* termina la era taliónica de la venganza. El *Antiguo Testamento* es un preámbulo para el *Nuevo Testamento.* Aquellos duros preceptos veterotestamentarios, escritos para un pueblo de dura cerviz, contenían castigos que hoy que se vive en la era cristiana resultan inconciliables con la nueva ley del amor. Sirva como ejemplo un pasaje del *Éxodo:* "Aquel que peca con una bestia sea punido de muerte. No dejarás vivir a los que consultan los espíritus" *(Éx.* 1819). El *Nuevo Testamento* reitera el quinto mandamiento del *Decálogo: no matarás.* La ley humana no puede autorizar que lícitamente se mate a un hombre, salvo el caso de la legítima defensa individual, o de la guerra justa defensiva, en que las muertes resultan preterintencionales. Hoy día, un compañero de la orden de santo Tomás de Aquino, el fraile dominico Niceto Blázquez realiza unas bien cimentadas observaciones críticas —que resultan demoledoras— a la tesis del aquinense. En gracia a la brevedad, cabe resumirlas y enumerarlas con cierta libertad:

1. Santo Tomás defiende la pena de muerte con la mentalidad lógica de un filósofo aristotélico (preocupado por el todo social) más que como pensador cristiano, cuyas fuentes evangélicas sirven para fines pastorales. Priva la frialdad racionalista y se echa de menos la profusión de consideraciones inspiradas en la misericordia y en el perdón cristiano que tanto abunda en san Agustín.

2. Santo Tomás no quiere que los eclesiásticos se vean implicados directamente en los juicios contra los herejes. Deja al Estado la ejecución de los reos de acuerdo con el ritual jurídico cuidadosamente reglamentado; interpreta, en firma un tanto forzada, un texto de san Jerónimo, y deja sin resolver la validez teológica de la opinión de san Jerónimo.

3. La pena de muerte tiene un carácter medicinal: se compara el comportamiento del médico hacia el enfermo con el comportamiento de la potestad civil y de la Iglesia hacia el cismático contumaz. La medicina —lo cual no

parece advertir santo Tomás— es nada más para curar al enfermo, mientras que la pena de muerte, por más que se aplique en nombre del bien común, siega la vida humana del inculpado. Y esto en virtud de una decisión voluntaria y libre.

4. ¿Existe algún bien más común de la sociedad que la vida de las personas que la componen, incluidas las de los herejes y cismáticos? La muerte del reo es objetivamente mala, de modo que jamás podrá justificarse en nombre de una intención buena. Y aunque el bien común fuese el fin bueno intencional, jamás podría justificarse el uso de medios objetivamente malos, como la pena de muerte. La persona humana no puede ser reducida a un puro medio para obtener un fin.

5. La medicina que mata al enfermo deja de ser una verdadera medicina para la víctima que la sufre. Ahora bien, "la pena capital lleva consigo la muerte real y efectiva del condenado. Luego no se puede aplicar por su presunto carácter medicinal. La analogía utilizada por el aquinense resulta inválida".

6. Tomás de Aquino se encuentra, a veces, condicionado por su apego aristotélico y por la herencia jurídica del Imperio Romano. A la altura de nuestro tiempo, el doctor de la Iglesia esgrimiría razones más educadas al diálogo ecuménico, al misterio de la fe y a la unidad de la Iglesia cristiana. La argumentación que adujo está desenfocada y, consiguientemente, equivocada; por otra parte, la caridad no es compatible con la supresión legal de la vida del hereje. El deseo de unidad manifestado por Cristo no implica la eliminación de los cismáticos; a su vez, la mentalidad propia del *Antiguo Testamento* respecto de la idolatría resulta obsoleta en el contexto de la ley nueva y su economía de la salvación.

7. En la aplicación del principio aristotélico del *todo y las partes* se encuentran serias anomalías metodológicas. Objetivamente hablando, no se trata de amputar un miembro corporal del cuerpo humano en nombre de la vida integral de la persona, sino de destruir integralmente la vida de una persona humana a la que se sacrifica en aras de un

todo social de una manera legalmente premeditada y libre. El fin bueno en la intención jamás justifica el mal objeto inmediato en la ejecución. La muerte —medio malo para quien es condenado— no puede justificarse con la intención de un fin bueno; por otro lado, la expresión *todo y parte* tiene sentido universal en la argumentación, lo cual es muy preocupante porque esto le llevará a univocar el concepto de parte con cualquier parte. De hecho, la conclusión formal que aparece en el cuerpo del artículo está deducida inmediatamente del principio aristotélico del todo y las partes, aplicado a las relaciones sociales con criterio demasiado racionalista y propenso al totalitarismo socialista, en el sentido obvio y literal de sacrificio absoluto de la parte al todo, pero que en el caso presente esa parte es una persona humana y no una parte integral cualquiera de un cuerpo. Parece que en la argumentación de santo Tomás no se salva suficientemente la analogía y hay una inclinación peligrosa hacia la univocación del concepto de parte.

8. Santo Tomás debió tener más en cuenta la ley nueva en armonía con los padres y la tradición. La pena de muerte ha sido suprimida por Cristo. En la cita que el Doctor Angélico hace de san Pablo equivoca el camino. El apóstol Pablo se refiere a la excomunión y no a la pena de muerte como castigo jurídico. El aquinense no encuentra los textos del Evangelio, en los que la ley del talión aparece cancelada por Cristo.

Santo Tomás, gran luminaria del pensamiento cristiano, fue un discípulo fidelísimo de Aristóteles. Lo repensó, dio vigencia en el área de Occidente y lo cristianizó hasta donde pudo; pero como estudioso que he sido de santo Tomás, advierto un excesivo respeto del aquinense hacia el estagirita. De mí sé decir que, aun habiéndome formado en la clásica dirección aristotélico-tomista, he sentido el inaplazable imperativo de retornar apasionadamente sobre mi libertad para sorprender en el despliegue de mis marchas y contramarchas el sentido de mi ser. Esa influencia de la filosofía existencial —no existencialista— viene de muy lejos: san Agustín, Pascal, Romano Guardini,

Peter Wust... pero mi compromiso es con la verdad y no con la autoridad de filósofo alguno, por notable que sea. De mi maestro José Vasconcelos aprendí a encararme, en carne viva, con la problemática filosófica. Trato de estar a la altura de mi tiempo, pienso por mi cuenta e intento ser congruente. Le tengo admiración a santo Tomás y he dado testimonio de esa alta estimación en muchos de mis libros y particularmente en mis estudios sobre "La doctrina metafísica de la participación en santo Tomás de Aquino" y "La teoría tomista de la persona humana", publicados en la revista *Studi Tomistici,* bajo los auspicios de la Pontificia Accademia Di S' Tommaso. Precisamente en este último estudio advierto cierta ambigüedad en el Doctor Angélico. Esa ambigüedad de textos indujo a Maritain a la inaceptable dicotomía entre individuo y persona, basándose en un texto de la *Summa Theologica,* que me parece desafortunado por ser ambiguo, con cierto sabor de la *polis* griega, proveniente de la concesión aristotélica. El filósofo francés aceptó sin reparos ni crítica alguna el texto siguiente: "Cada persona singular, cada persona humana es respecto de la comunidad como la parte respecto del todo", y por este título está subordinada al todo (*Summa Theologica,* II. 2-2, 64, 2). Hay otro texto decisivo del mismo santo Tomás de Aquino, que Jacques Maritain omite: "Homo non ordinatur ad communitaten politicam secundum se totum et secundum omnia sua" (*Summa Theologica,* 1-11, 2, 4 ad 3). La persona humana, porque tiene una dimensión social, colabora en la sociedad como ciudadano, pagando impuestos, cumpliendo con el servicio militar obligatorio, acudiendo como testigo a los tribunales cuando se le requiere; pero esto no significa que sea una *parte* de la sociedad, como las ruedas son parte del automóvil. La sociedad no es el todo mayor y la persona un simple fragmento de esa totalidad. El Estado —forma inferior de la solidaridad humana— no puede imponerse a la naturaleza entera del hombre, ni agota las perfectibilidades de la persona humana. Por eso la persona, con su dignidad y con su libertad, nunca puede ser suprimida en aras de la colectividad.

3. La superioridad axiológica de la doctrina agustiniana sobre la doctrina tomista

Se ha dicho que san Agustín, padre de la filosofía de la historia y máximo introspectivo de Occidente, "está tan cerca de nosotros como cada uno lo está de sí mismo" (Pedro Rubio Bardón). Más de 1600 años de experiencia y de vida nos acercan a él en el tema de la pena de muerte, y hasta nos identifican con él como pensadores cristianos. Han cambiado muchas cosas desde los tiempos de Agustín de Hipona, pero el hombre sigue siendo él mismo, aunque no siempre es lo mismo. Porque sigue siendo *él mismo,* su *dignidad fundamental* de ser *deiforme, teotrópico* no ha cambiado, ni puede cambiar. De ahí la superioridad axiológica de la doctrina agustiniana sobre la doctrina tomista.

Santo Tomás de Áquino se basó en la doctrina aristotélica: la persona humana es la parte y la comunidad, el todo, pero la verdad es que la persona humana, como tal, nunca es parte del todo. Ciertamente, tiene una dimensión social —y en este aspecto está al servicio del grupo y contribuye a la realización del bien común—, pero también tiene un fin último y trasciende el bien común, que es un fin intermedio. No se olvide que el bien común aportado se traduce en bien común distribuido.

Ser persona con fin último y tener una dimensión social no supone una desarmonía, sino una auténtica integración de aspectos. Más allá de la sociedad y de la comunidad estatal y social está la convivencia personal. Por esa convivencia personal optó san Agustín con su teoría del "Ordo amoris": cabe tener una comprensión personalista de la comunidad. *¡Que se condene la culpa (el pecado) y se salve al hombre!* Sería el imperativo categórico de san Agustín en materia de derecho penal, porque una cosa es la persona del delincuente y otra el delito que cometió. Que se castigue al delincuente, pero que se salve al hombre. Y que se le castigue para que se enmiende, mas no para que se pierda. Medularmente humano y cristiano, san Agustín ve en el más torvo de los delincuentes, en el más recalcitrante hereje o apóstata, una obra de Dios. La imagen de Dios, aunque ensuciada hasta el extremo, nunca se pierde ni en el más abyecto de los criminales. El amor, de rango superior a la justicia, nunca está ausente de la creatura. Al juez, al magistrado, le dirá san Agustín: "No te atrevas jamás a llegar hasta la privación de la vida, hasta la pena de muerte en tus sentencias". Quiere que al condenar el delito no perezca el delincuente y nos insta a que seamos duros contra los delitos, a que defendamos el orden jurídico, pero no contra el hombre que transgrede ese orden y ha sido hecho como nosotros. El santo y sabio obispo de Hipona nunca se olvida de la igualdad esencial de los hombres, sin mengua de las desigualdades accidentales. Todos incluidos —jueces y delincuentes— hemos sido sacados de la misma cantera. Que nadie se atreva a decir que san Agustín se opone al uso de las penas y que confunde el *orden del amor* con el *orden de la justicia*. Su posición respecto a las penas es muy clara: "No me opongo en modo alguno a que se usen las penas, pero que se usen con amor, aprecio y voluntad sincera de ayudar al delincuente a corregirse" *(loc. cit.*, p. 26). Alguna vez formulé para el ideario de la Asociación del Club de Sembradores de Amistad un principio que san Agustín —según me parece— haría suyo: "La vida social depende, para su cabal desarrollo, de la realización de la justicia en la totalidad de sus aspectos y de la práctica de la caridad. Los deberes hacia nuestros semejantes no se agotan en las relaciones de justicia, pero la caridad, que complementa la justicia, no dispensa las obligaciones de esta última". Etienne Gilson, ameritado conocedor de la filosofía medieval y particularmente de santo Tomás de Aquino, afirma que la filosofía tomista debiera llamarse albertino-tomista. La inmensa obra de santo Tomás no hubiera sido posible sin todos esos valiosos materiales que le aportó su maestro, san Alberto Magno. El Doctor Angélico tiene mayor capacidad arquitectónica, sintética, que san Alberto Magno, pero éste tiene mayor espíritu científico y mayor penetración en el empirismo aristotélico. Si se trata de física, de fisiología o de meteoros, santo Tomás sólo es el discípulo de Aristóteles; pero si se trata de Dios

—comenta con agudeza Etienne Gilson—, del génesis de las cosas y su retorno hacia el Creador, "santo Tomás es santo Tomás" (*La filosofía en la Edad Media*, Sol y Luna, Buenos Aires, 1940, p. 171).

Qué lástima —añado por mi cuenta— que santo Tomás no haya sido santo Tomás cuando trató el tema de la pena de muerte. Si hubiese aplicado, hasta sus últimas consecuencias, su concepto del hombre como persona humana, habría superado la doctrina del todo y la parte. Cabe recordar este texto: "La persona es lo más noble y lo más perfecto en toda la naturaleza" ("persona significat id quod est perfectisimum in tota natura", *Suma Theologica*, 1, 29, 3). El ser personal del hombre desciende de Dios, pero también asciende hacia él. En el descenso se encuentra lo humano en el límite del espíritu con la materia. Podrá decirse, en cierto sentido, que en ese límite el espíritu se enturbia. En el ascenso, el hombre, con la materia a cuestas, se orienta axiotrópicamente en la dirección del espíritu.

La delincuencia proviene de la caída ontológica del ser humano. Hay como una oquedad ontológica introducida por el desorden de la voluntad, pero algo queda "para que este algo dejado —apunta san Agustín con su habitual profundidad— pueda llorar la falta de lo perdido" (*De Civitate Dei*, 12, 24). No se pierde la constitución creatural, pero se disminuye y debilita en sus facultades espirituales. Diríase que la ruptura ontológica original aún deja vestigios de la grandeza en el hombre. No se olviden esos vestigios de la grandeza humana en el reo de muerte, en el delincuente, que se quiere llevar al patíbulo.

IV. SENTIDO DE LA PENOLOGÍA Y SINSENTIDO DE LA PENA DE MUERTE

1. Significación y sentido de las penas

El derecho penal —antiguamente conocido como *ius criminale*— es una expresión que se empleó por primera vez a mediados del siglo XVIII. Edmund Mezger, catedrático de la materia en la Universidad de Munich, definió al derecho penal como "el conjunto de las normas jurídicas que vinculan la pena, como consecuencia jurídica a un hecho cometido" (*Derecho penal*, Bibliográfica, Buenos Aires, 1958, cap. I, p. 27).

Cuando se hablaba de derecho criminal, se vinculaba la consecuencia jurídica a las circunstancias de un suceso, crimen o delito. Hoy día, la expresión "derecho penal" ha excedido el marco de su expresión lingüística, pero nunca se podrán perder de vista los sucesos antijurídicos, típicos y culpables que ocasionan la pena como consecuencia jurídica.

Esa consecuencia jurídica puede consistir no sólo en penas, sino también en medidas de seguridad y corrección. Dicho en otras palabras: se trata también de medidas jurídico-penales y medidas legales sobre tribunales de jóvenes menores de edad.

Aún no ha perdido su vigencia la distinción entre derecho criminal —propiamente dicho— y derecho penal administrativo o de policía. Trátase, en este último caso, de la represión de infracciones al orden de menor cuantía y de carácter preponderantemente exterior. En todo caso, el derecho penal, dentro del sistema jurídico, es un derecho público que tiene sus sectores colindantes: derecho administrativo, derecho procesal penal y derecho de las penas no criminales. Surge dentro de la vida humana en común, como fenómeno social, por los movimientos instintivos del primitivo sentimiento de venganza —proyección externa de la personalidad— que es preciso canalizar. La racionalidad y la humanización del concepto de la pena surge desde hace una gran cantidad de años y ya no puede detenerse como proceso. "El hecho punible es el conjunto de los presupuestos de la pena", como bien apunta el penalista alemán Edmund Mezger (*ibid.*, p. 77).

A quien quebrante el derecho y la paz, le alcanza la pena. Al derecho penal le interesan los hechos punibles más graves. El término alemán *delikt*, empleado por Binding y Finger, significa una infracción culpable de la norma, esto es, "un delito jurídico-penal". Todo hecho punible presenta un aspecto externo —objetivo, material— y un aspecto interno —subjetivo, psíquico— de la conducta humana. En todo hecho punible existen un aspecto concreto, objetivo, y otro personal, subjetivo. Las causas determinadas de agravación y de atenuación de la pena son formas de consideración concreta de los actos delictivos. La acción, en sentido estricto, es un hacer activo que infringe una norma prohibitiva y supone un acto de voluntad y un movimiento corporal. Quedan excluidos los movimientos reflejos y aquellos realizados bajo el influjo de una fuerza irresistible, por carencia del imperio de la voluntad. No se debe olvidar que la punibilidad del hecho presupone la *causalidad* del acto de voluntad. El hecho de omisión —conducta pasiva— consiste en "no hacer algo" que debiera hacerse, que se esperaba que se hiciese. Por eso se castiga al no realizar la acción exigida y esperada. Me interesa destacar que una acción resulta punible sólo si es antijurídica. Aunque el derecho se refiere, preponderantemente, a la conducta externa —objetiva y física—, no deja de tener en cuenta los elementos subjetivos del hecho o acto *injusto*. La culpabilidad, como conjunto de presupuestos que fundamentan el reproche personal al autor del hecho punible, ha sido desarrollada ampliamente en el derecho penal contemporáneo. Existe un principio clásico de vigencia universal: *no hay pena sin culpabilidad*. Es preciso legitimar el reproche o la atribución de culpabilidad.

He querido ofrecer, como preámbulo del estudio de la pena en sentido estricto, los fundamentos generales del derecho penal. Vayamos ahora al estudio de la penología como capítulo especial del derecho penal. Entre esas consecuencias jurídico-penales del hecho punible se encuentra ubicada la "pena de muerte"; pero antes de analizar la llamada pena capital, es necesario examinar la significación y el sentido de la pena. Cabe decir, en primer término, que las penas compensan —o tratan de *compensar*— el desorden introducido por la falta. El delincuente puede aceptar voluntariamente la pena o puede no quererla, rechazarla. En el primer caso, la pena presenta un valor de *expiación;* en el segundo, la pena se aplicará, si es necesario, para *preservar* el orden público y la seguridad de las personas. Se suele agregar que las penas tienen un *valor medicinal* en cuanto contribuyen a la *enmienda* del culpable.

¿Qué es la pena en sentido estricto? Se define como la "imposición de un mal proporcionado al hecho" (E. Mezger). Con ello quiérese indicar que la proporcionalidad con la pena es una prohibición de bienes jurídicos que alcanza al autor en razón y *en la medida* del hecho punible que ha cometido. Se está ante una *retribución* por el mal que ha sido introducido en la convivencia humana. La ley penal es una culminación fijada por el legislador, que adquiere su forma mediante la imposición que concluye con la ejecución del castigado. En buena tesis, debe existir *proporcionalidad* entre el hecho punible y la pena; trátase de equiparación valorativa. La culminación se ajusta mediante la imposición de cada pena para cada delincuente. *Ajustar la pena a la personalidad y la peligrosidad del autor es tarea de todo buen juez.* En toda pena hay una inflicción de un mal al culpable. Actualmente, las penas más importantes en el derecho penal contemporáneo son la privativa de la libertad (reclusión, prisión y arresto) y la pecuniaria. A la pena se suele vincular un derecho útil u otra ventaja para la colectividad; pero estos efectos accesorios no están contenidos en la esencia de la pena. También conviene sin que sea necesario, que la pena resulte útil para el autor o para otros. Las penas principales se dirigen contra el honor, la libertad y el patrimonio.

Según la mayor o menor gravedad de los delitos, las penas privativas de libertad se clasifican como sigue:

a) La *pena de reclusión* —pena grave infamante— que es propia de los crímenes y que impone una obligación de trabajo. Los términos varían mucho en las diversas legislaciones.

b) La *pena de prisión* —pena menos grave, no infamante— que se sigue a los delitos y a los crímenes de menor importancia. En este caso, cabe determinar trabajos en el exterior del establecimiento, con la aceptación del condenado, lo cual no ocurre en el caso anterior.

c) El *encierro* como pena temporal —no infamante— que priva de la libertad por un tiempo más breve, sin obligación de trabajo.

d) El *arresto* —la pena más leve, propia de contravenciones y delitos menores— que suele tener un mínimo de un día y un máximo de seis semanas de privación de la libertad.

Existen, además, penas pecuniarias sustitutivas de las penas privativas de libertad inferiores a tres meses. Las llamadas penas accesorias se dirigen contra el honor (desposeimiento de los derechos cívicos honoríficos) y contra el patrimonio (confiscación e inutilización de bienes); a su vez, la *publicación de la sentencia,* adversa al culpable, se presenta como un "resarcimiento ideal" del ofendido. En penología se llama *enmienda* al resarcimiento material.

La determinación legal de la pena estriba en la fijación de ésta dentro de la forma de un marco penal. Existen agravantes o atenuantes, así como excluyentes de la pena. Raras veces la pena legal es una pena absoluta, con magnitudes exactamente establecidas. La ley ofrece un marco penal, mientras que el juez fija con exactitud la pena que corresponde. El marco penal puede dejar al juez cierto espacio libre entre un mínimo y un máximo. A veces se agrava la pena y otras se atenúa, en cuyo caso se habla de modificación de la pena. Dentro de mi designio no entra ocuparme detalladamente de los casos de agravación y atenuación general de la pena, ni de los presupuestos formales y materiales. La imputabilidad disminuida atenúa, como es obvio, la magnitud de la pena (sordomudos, psicópatas y jóvenes).

Las causas de supresión de la pena pueden consistir en la prescripción, en el desistimiento de la tentativa y en el arrepentimiento activo, en la gracia, como acto de derecho público que extingue las consecuencias penales.

Lo que verdaderamente interesa es el fin de la pena. No hay acción humana que carezca de fin, el cual consiste en prevenir el delito, actuando sobre la colectividad o sobre el individuo. La prevención penal presenta sus objetivos: *a) intimidación*, esto es, terror y miedo frente a hechos punibles, y *b) respeto a la personalidad humana*. Un sistema penal, rudo y brutal, embrutece; más aún, estimula el delito. Solamente una pena *justa y humana* ejerce una auténtica *función preventiva general*. Con toda razón apunta Edmund Mezger: *La personalidad del individuo es, para el derecho, un valor propio que no se destruye ni puede ser destruido tampoco si se cometen delitos (ibid.,* p. 273). Valdrá la pena recordar esta advertencia cuando tratemos de la sinrazón de la pena de muerte; por ahora, basta apuntar que de la esencia de la pena se sigue un mal proporcionado al hecho cometido. En la graduación judicial se tiene en cuenta la lesión del derecho y la culpabilidad del delincuente. La graduación judicial de la pena, "coronamiento" del sistema del derecho penal, no puede, en buena tesis, desconocer el derecho fundamental de toda persona humana a la vida y a la integridad corporal.

"La idea del derecho penal —apunta luminosamente Francesco Carrara— ha sido durante cuatro siglos perjudicada, respectivamente, por tres principios diversos: la preocupación de la venganza privada, que yo llamaría el *principio individual;* la preocupación de la venganza divina, que llamaré el *principio supersticioso,* y la preocupación de la autocracia soberana, que llamaré el *principio despótico"* (*Derecho penal,* Harla, México, 1993, p. 53). Estos principios apuntados por el gran clásico italiano del derecho penal se alternan, en su predominio, dentro de la historia del derecho penal. En los tres principios hay una pasión viciosa: *hacer padecer un mal a un hombre por causa de un mal que él haya cometido.* El principio individual pervierte la noción del derecho penal. ¿Por qué? Porque cultiva el sentimiento de venganza, hace más salvajes a los hombres y fomenta la hostilidad bajo una apariencia de legitimidad.

El único fundamento humano de la pena estriba en la enmienda del reo, porque no se trata de castigar por castigar, sino de castigar para corregir y para defender el orden social. Ésa es, por lo menos, la bandera de la escuela humanitaria de criminalistas modernos y contemporáneos. No es poca cosa dar a "las aspiraciones del corazón el señorío de la mente".

La perversión de las viejas cárceles, con su aislamiento enmendador, constituye un rotundo fracaso de la ciencia punitiva. De un extremo se pasó al otro: se procuraba la enmienda del reo, como fórmula única, y se pasó después a negar a la autoridad el derecho a la detención perpetua. Prácticamente quedó relegada en el olvido la necesidad de la defensa social, de la tutela jurídica y sólo se pensaba en el beneficio para el condenado. Quedaba destruida la secular noción de la pena como la inflicción de un mal.

Superadas las teorías reduccionistas e inhumanas del terror, la venganza y la expiación, el derecho penal de nuestro tiempo buscó un nuevo fundamento racional: la tutela jurídica exigida por la suprema ley del orden. No se puede ignorar que en los hombres existen malas pasiones, ni dejar indefensa a la sociedad. Una comunidad humana no puede defenderse sin la amenaza y la aplicación de una pena a los transgresores del orden jurídico.

El culpable no es una víctima de su naturaleza humana, que explota en forma delictiva. El violador del derecho tiene el deber de reparar, en la medida de lo posible, los daños causados. Es preciso que el autor del hecho delictuoso sufra el mal amenazado; sólo así se rendirá, en cierto modo, un homenaje a la libertad ajena; sólo así la majestad de la ley pisoteada volverá a cobrar su respetabilidad. Un reo puede arrepentirse y corregirse inmediatamente después de cometer el delito. ¿Bastaría el hecho del arrepentimiento y de la corrección para prohibir que se castigue al culpable?

El principio de la tutela jurídica —postulado por Carrara— exige, por necesidad lógica, la *irredimibilidad*, la *certeza* de la pena. Y es que la pena no se ha establecido como mero consejo, sino como necesidad de la ley jurídica.

La certeza de la pena no impide sustentar el humanitario principio de la enmienda del reo, siempre que resulte posible. *La sociedad tiene derecho a castigar, pero no a matar;* además, tiene también el deber de buscar la enmienda del reo. La enmienda, subjetivamente considerada, purga el ánimo de toda mancha de malas propensiones y despierta el amor al bien y a la virtud. Si se considera objetivamente la enmienda, se tendrá que ver la moderación de las inclinaciones que ofenden al orden normativo, aunque sea por conveniencia. Lo ideal sería que un hombre se volviese justo porque es honesto, pero al derecho le basta que el delincuente se vuelva justo externamente, aunque no sea honesto. La autoridad estatal no puede imponer la enmienda subjetiva. La coacción no llega a penetrar en las profundidades del corazón de los delincuentes, de modo que lo único que cabe es procurar, mediante la pena, la enmienda objetiva del delincuente sin perder la esperanza de su enmienda interna. No se debe olvidar que el hombre sólo puede turbar el orden jurídico con las acciones externas. El derecho punitivo no se establece para oprimir los derechos fundamentales de la persona humana, sino para protegerla de los actos externos, lesivos o destructivos.

El magisterio punitivo debe facilitar y promover la enmienda como un efecto que se sigue de la pena. Francesco Carrara, siempre sabio y humano, asienta conclusivamente:

El magisterio penal obedece al principio de la enmienda cuando en la aplicación material de los castigos elige aquellas formas especiales que mejor sirven para reconducir al culpable a la meditación de sus propios deberes. Y obedece, asimismo, cuando intensifica su austeridad contra los reincidentes. Pero, por obedecer a ese deseo, no puede olvidar el fundamento primitivo de su legitimidad: la defensa de la ley; ni su fin principal: el restablecimiento de la tranquilidad en los ánimos honestos [*ibid.*, p. 72].

Los partidarios de la escuela correccionista descuidan la defensa jurídica y dejan a la ley sin suficiente sanción. *No vale procurar la enmienda de uno solo, olvidándose del deber de procurar la enmienda de todos*, ni cabe aceptar la cesación de la pena en virtud de la enmienda, sin reducir a la nada la defensa y la certeza del derecho. El derecho debe ser eficaz no sólo respecto al transgresor del orden jurídico, sino también respecto a aquellos que aún no han transgredido el orden humano de la convivencia. *Punir y corregir, en armonía, es misión del derecho penal:* punir benignamente, sin exacerbar al caído con castigos crueles y desproporcionados, sin cerrarle el camino de la enmienda, acabando salvajemente con su vida; procurar la corrección con el dolor de la pena justa; defensa social, tutela jurídica, humanismo y justicia en las penas. He aquí la tarea, siempre inacabada, que espera a los amantes de una sociosíntesis justa, pacífica y amorosa.

2. LAS DIVERSAS ESCUELAS PENALES

Las penas, en las más diversas épocas de la historia, han sido aplicadas siempre por la autoridad. Llámese *poliarquía, polis, civitas, señorío feudal* o *Estado*, la autoridad política siempre ha tenido la facultad de juzgar a los hombres y de imponerles penas por los ilícitos que cometan. El hombre se va librando un tanto de los instintos y los supera con su inteligencia y con su voluntad. Esa voluntad inteligente constituye un magnífico esfuerzo de superación de los instintos primarios. Gracias a esa voluntad inteligente existe la *societas perfecta*, la cual impone limitaciones al comportamiento de los hombres, en sus acciones y en sus omisiones. No puede haber convivencia social ordenada sin normas, de manera que el Estado debe reprimir todo aquello que ponga en peligro al orden de la convivencia. Es preciso guarecerse de los enemigos exteriores —invasores extranjeros— y de los interiores, los delincuentes, quienes ponen en peligro el orden social. Repeler las agresiones es algo instintivo; la venganza privada ha quedado superada por la doctrina filosófica del derecho penal. El *jus puniendi* tiene que dar satisfacción a los intereses lesionados y legítimamente protegidos, pero esta satisfacción no puede vulnerar los derechos fundamentales de la persona humana.

El derecho penal es necesario, pero las orientaciones filosóficas que orientan a las diversas escuelas penales son varias y diversas. Los acentos o preponderancias pueden radicar en el principio de reparación, en el de la enmienda o en el de la defensa social. Hay que justificar el poder del Estado para castigar.

Platón fundaba la pena en el principio de la expiación en nombre e interés de la comunidad o república. La retribución era considerada una necesaria consecuencia del delito (véase el diálogo "Gorgias"). La pena induce al delincuente a no volver a delinquir y sirve también para rehabilitar al reo, purificando su alma. En este sentido, la pena, platónicamente hablando, es "una medicina del alma" (*La república, Las leyes, Protágoras*).

Aristóteles centra su atención en el fin utilitario de la pena. Los buenos cumplen los preceptos, mientras que los malos, ávidos de voluptuosidad, los infringen. Por eso deben ser castigados, como el asno, con el dolor, el cual debe llegar a ser contrario, en su grado máximo, a la voluptuosidad deseada. "La multitud obedece más bien a la necesidad —advierte el filósofo de Estagira— que a la razón; antes a las penas, que a lo bello y honesto..." (*Ética Nicomaquea, Política*).

El derecho de castigar (*jus puniendi*), entre los romanos, se justifica por la ejemplaridad intimidante de las penas. Ese pragmatismo jurídico, que orienta el principio de intimidación y de ejemplaridad, está presente en Cicerón, Ulpiano y Marciano.

En la era cristiana, la pena adquiere un sentido penitencial. Los gobernantes, que tienen el derecho de castigar proveniente, en última instancia, de Dios, castigan buscando en la pena la penitencia. La Edad Media acentuó la justificación en la razón de Estado y en la venganza pública. Se hablaba entonces de bienes divinos, naturales y legales. No vamos a seguir las vicisitudes de la doctrina de la justificación de las penas en la historia, sino a centrarnos en la exposición sucinta de las grandes escuelas penales.

La escuela clásica considera a la ley penal como proveniente de Dios, pero con un fin netamente humano: la protección del derecho. La tutela jurídica tiene su razón de ser en la necesidad de proteger el orden normativo de la convivencia. La medida de la pena o de la sanción se encuentra en la importancia del derecho protegido. Se trata, ante todo, de restablecer el orden social externo; se tiende a influir en nosotros, más que en el mismo culpable. El delincuente es interiormente libre. La escuela clásica se organiza como vigorosa reacción contra la barbarie y crueldad del *absolutismo medieval* y del *absolutismo de los Luises en Francia*.

Con base en las ideas de Enrico Ferri, Eugenio Florián, Raúl Carrancá Trujillo y Eugenio Cuello Calón, Ignacio Villalobos resume la doctrina clásica en siete postulados:

1. El punto cardinal penal es el delito, hecho objetivo, y no el delincuente, hecho subjetivo.
2. El método es deductivo y especulativo.
3. Sólo puede ser castigado quien realice un acto previsto por la ley como delito y sancionado con una pena.
4. La pena sólo puede ser impuesta a los individuos morales responsables.
5. La represión penal pertenece al Estado exclusivamente; pero en el ejercicio de su función, el Estado debe respetar los derechos del hombre y garantizarlos procesalmente.
6. La pena debe ser estrictamente proporcional al delito (retribución) y señalada en forma fija.
7. El juez sólo tiene facultad para aplicar automáticamente la pena señalada en la ley para cada delito [*Derecho penal mexicano*, Porrúa, México, 1990, pp. 41-42].

La escuela penal clásica no bastó, en su política en materia criminal, para disminuir las reincidencias ni para mejorar la organización carcelaria. La criminalidad juvenil siguió incrementándose, mientras se prodigaban abundantes sanciones y otras penas de privación de libertad. Surgió, entonces, una nueva escuela que pretendió renovar radicalmente el derecho penal. Sin negar las aportaciones significativas de la doctrina expuesta como "nuevos horizontes del derecho penal", hay que reaccionar contra el falseamiento de los más firmes conceptos de la escuela clásica y contra errores y exageraciones que se presentaron como nuevos y valiosos descubrimientos.

La escuela positiva pensó que el método inductivo era el único verdaderamente científico, padeció cierto naturalismo que oscureció sus logros, quiso reducir el derecho penal a una mera ciencia natural y confundió el derecho penal con la criminología. Todo consiste en conocer las cosas de la naturaleza y describir sus causas y sus leyes; antes que el delito, el ser delincuente. La ciencia jurídica se nutrirá de los descubrimientos de la sociología, la antropología y la psicología. Nunca pensaron que el delito es un ente jurídico y quedó relegada la valoración jurídica de la conducta.

Garófalo pretendió "inducir" de la observación multinacional la noción del delito, pero al estudiar los distintos países en cada época estaba *historiando* lo *historiado*, esto es, *redescubriendo la preexistente noción del delito como una realidad extramental*. Delito, pena y responsabilidad, con atenuantes y agravantes, en justo equilibrio con los derechos del hombre y de la sociedad fueron postergados, si no ignorados, por la escuela positiva.

Lombroso, médico y antropólogo italiano, dio por supuesto que existían delincuentes natos, con caracteres somáticos específicos; por ello, buscó incansablemente esos caracteres o estigmas físicos en diversas partes del planeta. Creyó descubrir que los delincuentes natos tienen una capacidad craneana inferior, largos dientes caninos, largos brazos, enorme mandíbula... los rasgos físicos denuncian y dan a los delincuentes: tipos anormales desde el nacimiento, con la fosa occipital más pronunciada y con hipertrofia en la eminencia vernicular del cerebro.

Lombroso no tuvo el cuidado de formar una auténtica estadística y de observar si el caso se repetía siempre entre los delincuentes. Su generalización orgánico-determinista del delincuente nato y atávico fue por demás precipitada.

La pretendida inducción, sin prejuicios ni supuestos interiores, no resulta cierta. Para Lombroso, el genio y el delincuente son dos seres patológicos y atávicos.

Enrico Ferri quiso hacer de la antropología y del derecho dos simples capítulos de la sociología criminal. En algunos positivistas, como Saldaña, la criminología se traga hasta el procedimiento judicial. La penología es ciencia penitenciaria y lo único que cuenta son los métodos a seguir para encontrar la corrección de los delincuentes. En esta escuela, queda ausente la esencia y la naturaleza misma de las penas. Y no es que parezca mal que se estudie el delito desde los puntos de vista antropológico y sociológico, pero parece inaceptable ese reduccionismo y esa imposición de los métodos de las ciencias naturales.

De la escuela positiva resulta cierta la dilucidación de la conducta humana desde el punto de vista de la sociología y de la criminología. Es conveniente escudriñar los orígenes del comportamiento humano, pero lo que resulta verdaderamente grotesco, por no decir risible, es la afirmación de Oxamendi, cuando asevera que el derecho ha salido "definitivamente, para siempre, de manos de los juristas" (*Criminología,* p. 614).

Para la *escuela de la defensa social,* la principal base de sustitución del derecho penal consiste en la *tutela jurídica.* La pena tiene fines muy concretos: *a)* imposibilitar al delincuente, durante el mayor tiempo, la comisión de nuevos delitos; *b)* vale más prevenir delitos que castigarlos, y *c)* lo que importa es conjurar el peligro de que las personas se conviertan en delincuentes y que éstos vuelvan a delinquir. Adviértase que esta escuela se mueve solamente en el marco de la defensa social y presenta una base utilitaria y pragmática. Ahora no se trata de una venganza pública, porque la escuela de la defensa social rechaza la nota ineludiblemente aflictiva de la pena. Ya no importa la idea abstracta de justicia, ni la compensación moral retributiva de mal por mal; se piensa que esta idea taliónica —errónea a todas luces— es ajena al derecho penal. Es menester defenderse de las posibles y futuras actividades antisociales de los seres humanos; por eso es preciso estudiar las causas más que los efectos. Aunque la escuela de la defensa social no esgrimía de forma explícita al argumento de la tutela del orden jurídico, a mi juicio lo supone necesariamente. Claro está que la defensa de la sociedad implica también la conservación y el perfeccionamiento de todos los individuos y de los grupos del mundo entero.

La escuela de la defensa social intenta defender a la sociedad entera y no sólo a una clase social. Los bienes jurídicamente protegidos no son nunca patrimonio de grupos religiosos o de clases sociales; más bien, se trata de proteger la vida, la integridad corporal, el honor, la reputación, la propiedad y todos los derechos que corresponden a los hombres por el hecho de serlo.

Aunque en la historia del derecho penal hay abundantes casos de protección preferente, si no exclusiva, de los usufructuarios de la riqueza y del poder político, lo cierto es que la justificación de la tesis de la escuela de la defensa social no se destruye con el uso indebido del derecho penal, porque esta disciplina jurídica se propone proteger la convivencia, el orden social existente. Y no sólo esta tarea de protección, sino también importan —y acaso más— las aspiraciones a mejorarlo. La función científica de pensar es primordialmente formal; pero nunca se olvide la inspiración en los supremos principios de justicia, de libertad y de igualdad. La prevención del delito y la defensa contra los efectos del delito constituyen las tareas fundamentales de la escuela de la defensa social. La falta a esta escuela, al fin trascendental, es moralmente retributiva, de expiación o de castigo.

Cabe hablar, a mi juicio, de un sano *eclecticismo:* por una parte no se pueden olvidar los derechos sustantivos de la personalidad humana, los delitos, las penas y las responsabilidades; por otra, no se pueden desconocer los problemas perennes de los delitos cometidos por hombres concretos de carne y hueso. El derecho penal puede auxiliarse, provechosamente, con la ciencia médica, la antropología, la sociología y las demás disciplinas jurídicas; sin embargo, la delincuencia presenta causas complejas. Imposible desconocer la personalidad psicofisiológica y social del delincuente. Resulta justificable la represión lisa y llana de los delitos, pero más encomiable es su prevención. Para ello es preciso ampliar el arbitrio judicial, simplificar las normas de fácil aplicación y comprensión.

Los jueces del porvenir —contra lo que piensa Jiménez de Asúa— tendrán que seguir siendo juristas con amplia preparación científica. El juez jurisperito es insustituible.

La individualización de las penas y de las medidas de seguridad no debe llevarse al extremo de la arbitrariedad o irregularidad caprichosa.

Jamás deberán desconocerse los derechos subjetivos públicos y las corrientes individuales, so pretexto de peligrosidades predelictivas. Sin desconocer que el delito es un fenómeno complejo que hunde sus raíces en los individuos y en el medio social, el derecho tiene que cumplir siempre su fundamental función de certeza objetiva, de seguridad jurídica.

3. Sinsentido de la pena de muerte

Si la llamada "pena de muerte" es radicalmente injusta e innecesaria, cabe hablar —como lo hacemos nosotros— del *sinsentido de la pena de muerte.*

Todas las otras penas que se conocen en el derecho penal representan, por lo menos, el derecho primordial a la vida. Sólo esta pena —*sui generis*— acaba de una buena vez, matándolo, con el sujeto de la pena.

El Departamento de Asuntos Económicos y Sociales de la Organización de las Naciones Unidas publicó, en 1962, una encuesta sobre las principales razones por las cuales se ha suprimido la pena capital en los países abolicionistas. Me permito presentar, en ocho argumentos fundamentales, los resultados de la encuesta practicada por uno de los departamentos de la ONU:

1. La ejemplaridad de la pena capital no está demostrada o parece discutible.

2. Muchos de los delitos capitales son cometidos por desequilibrados, algunos de los cuales, a la vez, escapan por ello mismo al castigo supremo.

3. Existen chocantes desigualdades en la aplicación de la ley que condena a muerte, ya sea por el diferente grado de severidad de los tribunales competentes o por razones de orden económico y sociológico, de manera que se corre el riesgo de que la pena de muerte constituya una amenaza mucho mayor para los delincuentes que carecen de medios económicos y que, por tanto, están en peores condiciones para buscar defensa.

4. Hágase lo que se haga, existe una innegable posibilidad de que se cometan errores judiciales.

5. La emoción que suscita la pena de muerte, tanto cuando se pronuncia la sentencia como cuando se ejecuta, parece tan malsana que hay quienes no vacilan en hablar del carácter criminógeno de la pena capital.

6. Si de lo que se trata con la pena de muerte es proteger a la sociedad de manera eficaz, se alega que para ello basta la condena perpetua.

7. La evolución de la opinión pública en algunos países ha inducido a éstos a considerar la pena de muerte inútil y odiosa, y a este respecto se advierte que la desigualdad en la aplicación de la pena de muerte puede robustecer estas ideas, ya que la pena capital aparece entonces como una especie de lotería un tanto siniestra.

8. El carácter inviolable de la vida humana se opone a ella.

La abolición no conduce al crimen; en cambio, la pena capital es un *crimen estatal* revestido de cáscara normativa. Abundan los casos de errores judiciales que acabaron con la vida de muchos inocentes. Hoy día, la pena de muerte se practica clandestinamente, se esconde de nuestras miradas. Si fuese tan ejemplar y tan buena, ¿por qué no se invita a todo el pueblo a presenciar la ejecución en la silla eléctrica, en la guillotina o en el fusilamiento?

Para percatarnos de la inutilidad de la pena de muerte,

basta recordar las ordenanzas de Francia, en el periodo de los primeros 16 lustros del siglo pasado, que permitieron acabar con la vida humana de 60 000 personas en la sola ciudad de París.

El terrible magistrado anglosajón Card Carpzovio se jactaba de "haber firmado, en el curso de su magistratura, más de 20 000 condenas capitales, todas ejecutadas". A su vez, Francesco Carrara concluye afirmando lógicamente: "Prueba matemática, demostración apodíctica de la inutilidad de la pena de muerte" (ibid., p. 59). La sangre trae como reacción otra sangre y, a veces, mayor crueldad. Después de las más luctuosas carnicerías ejecutadas en nombre de la justicia, la pena de muerte ha mostrado que no es ejemplar ni justa, ni necesaria, ni útil.

La enmienda del culpable, esa generosa aspiración que tanto ha ennoblecido al derecho penal, queda suprimida de un solo golpe con la pena de muerte. Los partidarios de la pena de muerte piensan que la ley del talión es inexorable, pero el mal causado no se repara con el mal retribuido. Las mentes taliónicas jamás piensan en obrar sobre los ánimos de los hombres para reconducirlos al bien; para ellos, sólo vale la fuerza mecánica que actúa sobre el cuerpo para quitarle la vida. Lo mismo se han cortado los dedos a los perjuros, los pies a los siervos fugitivos, la nariz a las adúlteras, que sacado los ojos a los lujuriosos. También se cortó la lengua a los blasfemos y la mano a los falsarios, y se creía que con el fuego se acababan las llamas de la pasión impura. La inconstancia de la fe política se castiga con el descuartizamiento; estultamente se habló de la analogía de la pena en los tiempos de mayor barbarie. Dante, casi siempre iluminado, apuntó que la analogía de la pena debe relacionarse no con el mal causado, sino con la pasión impulsiva. La obra de regeneración radical de los criminales cae hecha pedazos con la pena de muerte. El respeto sagrado a la vida, la ley evangélica de la igualdad y la justicia anterior a toda ley positiva se anulan en cada muerte decretada por sentencia judicial.

¿Cuál es el fundamento del derecho punitivo? La única

verdadera respuesta está en la necesidad de defender los derechos humanos y, en primer término, el sagrado derecho a la vida, a la integridad física y corporal.

Ha pasado el tiempo del acatamiento bobalicón al absolutismo regio. Aquella grotesca sentencia "tout justice vient du roi" ya no suscita temor, sino risa o indignación. La fe en el rigor de la pena de muerte, en el mesianismo de la sentencia judicial y del verdugo, debiera archivarse en el panteón de las doctrinas muertas. No puede privar el predominio de un supuesto bien común sobre los dictados de la justicia eterna. *El fundamento de la pena de muerte está radicalmente viciado, porque viola el derecho humano a la vida y la dignidad óntico-axiológica del ser humano.*

Al hombre no se le conduce al bien con el terror de la pena de muerte; tampoco intimida a los delincuentes habituales ni a los pasionales. La tutela jurídica no puede llegar a desconocer los derechos naturales, imprescriptibles e inalienables, de los hombres. El derecho a la vida y a la integridad corporal no deben ser transgredidos por la fuerza privada o por la potestad pública; es preciso devolver el derecho penal al dominio de la razón y de la justicia intrínseca.

La historia, esa gran maestra del género humano, corrobora el aserto de Carrara: "A la moderación en las penalidades, a la aproximación del derecho punitivo con un principio racional y humano, siempre ha correspondido una disminución de los delitos, los cuales, en cambio, se han multiplicado tanto más obstinadamente cuanto más crueles y atroces han sido los suplicios de los delincuentes" *(ibid.,* p. 64).

La vida humana es *espera y esperanza.* El derecho a la espera y a la esperanza, a la enmienda y a la regeneración, no se nos puede, en buena tesis, arrebatar.

Respetar la vida humana sin excepción no quiere decir favorecer la delincuencia y proteger a los llamados —con denominación dudosa— delincuentes incorregibles.

En vez de violar flagrantemente el derecho a la vida y a la integridad corporal, apliquémonos a conocer las causas y los mecanismos psicológicos de la conducta, los medios adecuados para mantenerla en el orden conveniente. Que se desarrolle la técnica preventiva y represiva todo lo que se pueda, pero que se respete siempre el sagrado derecho de cada persona humana a la existencia y a la integridad corporal.

V. LA PENA DE MUERTE EN LA HISTORIA

SUMARIO: 1. La pena de muerte en los grandes hitos de la historia. 2. La pena de muerte en México. 3. Declaraciones históricas sobre la pena de muerte. 4. La pena de muerte en el nuevo *Catecismo de la Iglesia católica.*

1. LA PENA DE MUERTE EN LOS GRANDES HITOS DE LA HISTORIA

No pretendo hacer una historia de la pena de muerte, más bien, examinaré el problema de la pena de muerte en la historia. No se trata de una farragosa y detallada historia de la pena capital y de los suplicios que implica y que le anteceden, sino de la pena de muerte en la historia. Antes de examinar la pena de muerte a la luz del derecho supralegal intrínsecamente justo, me parece conveniente trazar los grandes hitos de la pena capital. Cada vez es mayor el número de estados que han suprimido la pena de muerte, pero existen casos —no muchos— en que, después de suprimirla, se restablece.

Hay estudios que se aplican a reconstruir la evolución de la pena capital. Algunos autores, como Jean Imbert, han tenido el propósito de llenar un hueco de información con la más absoluta neutralidad. Dicho autor intenta aproximarse con "imparcialidad histórica" —así lo dice en la introducción—, pero lo cierto es que no cumple el desideratum porque en la conclusión toma partido por la abolición de la pena de muerte. Le parece condenable —más aún que la parcialidad—, "la pretensión de descubrir a través de la larga tragedia de la pena de muerte, una lección de la historia" *(La pena de muerte,* Fondo de Cultura Económica [Colección Popular], México, 1993, p. 8). La experiencia de 20 siglos no puede dejar de suministrarnos —así lo pienso yo, por lo menos— una lección histórica.

Muchos hombres disertos pensaron, en otras épocas, que era imposible abolir la pena capital; sin embargo, la historia ha desmentido esa rotunda y categórica afirmación, prueba irrecusable de que estaban equivocados. En abono del breve estudio de Imbert, debo decir que su opinión vertida en la "Conclusión" de su librito acerca de la pena capital, no ha influido en la exposición histórica. Personalmente me interesan más los datos históricos objetivos, que la esquemática y poco fundamentada conclusión. Sirvámonos de esta valiosa síntesis histórica, y de otras más que tengo a la vista, para que la historia —en sus grandes hitos— enriquezca nuestro estudio sistemático.

Imposible negar que la pena de muerte está presente desde la más remota antigüedad, con los egipcios, hasta la actualidad. Tampoco cabe desconocer que la polémica, en torno a la pena capital, sigue estando viva. Los sistemas represivos se basaron en la supuesta ejemplaridad del castigo supremo. Se pensó que la exclusión definitiva de personas reconocidas como incorregibles y peligrosas terminaría por disminuir el número de crímenes, pero no ha sido así. Se ha querido transformar el reflejo instintivo de venganza —que todos los hombres portamos, en una u otra forma— convirtiendo el talión en una organización racional con visos de cientificidad. No se negará que existen actos que causan perjuicios materiales indiscutibles o que producen serios daños a los valores morales y sociales reconocidos por cada nación. El problema estriba en saber si no existe alguna otra pena incruenta que pueda sustituir con ventaja a la cruel y cruenta pena de muerte.

En Egipto se castigaba con pena de muerte a los sacrílegos, a los magos, a los homicidas de animales sagrados, a los evasores de impuestos, a los parricidas, a las mujeres adúlteras, y a los comerciantes que no reservaban las mercancías para Alejandría. Se quemaban a fuego lento o se arrojaban a la hoguera. Los ordenamientos legales más antiguos fueron promulgados en Mesopotamia: códigos de Ur-namú (2080 a. C., aproximadamente) y código de Esnuna (1900 a. C.). En el código de Hammurabi (1700 a. C.) existían 34 delitos susceptibles de aplicarles la pena capital en diversas formas: ahogamiento, fuego, empalamiento, etcétera.

Los hebreos, que tienen en la religión del verdadero Dios su cimiento de unidad nacional, castigaban con pena capital la idolatría, la blasfemia, la brujería, etc. La forma ordinaria era la pena de lapidación; a su vez, la pena de fuego —simbólicamente purificadora— estaba reservada al incestuoso que tomaba por esposas a la madre y a la hija, y al que prostituía a la hija de un sacerdote. La mujer adúltera moría con su cómplice. La joven que hubiese ocultado el hecho de que ya no era virgen, en el momento de su matrimonio, era castigada con la pena de muerte. También se aplicaba esta pena suprema a los casos de incesto, sodomía, bestialidad y violación; a su vez, los ataques a la propiedad y los delitos económicos no eran penados con la pena capital. Los griegos castigaban la traición con la muerte: Sócrates fue condenado por no honrar a los dioses de la ciudad, introducir nuevas divinidades y corromper a la juventud. El mundo entero recuerda este proceso monstruoso contra un hombre bueno y sabio que estorbaba al régimen político. Ciertamente, beber la cicuta era un modo menos cruel que la decapitación con espada practicada a los militares traidores. Los griegos usaron también la estrangulación y la caída del condenado al precipicio para caer en una sima profunda y fétida, erizada de cuchillas y picos de hierro.

Los romanos —12 siglos de historia—, quienes dominaron todo el Occidente, establecieron la pena de muerte. Primitivamente, como acto religioso, se trataba de rituales que expulsaban supuestamente el mal y eliminaban las miasmas de un alma humana culpable. Con la Ley de las 12 Tablas (450 a. C.) se marcó un hito definitivo: tránsito del derecho sagrado al derecho laico. Sería muy largo recorrer el camino que va de la república al Imperio, del Bajo Imperio a Justiniano.

En el África romanizada que le tocó vivir a san Agustín existía claramente establecida la pena de muerte. Los padres de la Iglesia abordaban de manera indirecta el problema de la pena de muerte; así, algunas veces —caso de Orígenes— se afirmaba categóricamente que a los cristianos les está prohibido matar a un hombre, así sea el criminal más depravado y abyecto. San Ambrosio tuvo la debilidad de condescender con el uso seguido por las autoridades romanas. La secta cristiana de los novacianos se opuso a la pena de muerte y prohibió la recepción de los sacramentos al juez que acababa de pronunciar una sentencia de pena de muerte. Quiero destacar una vez más la cristiana y humana actitud de san Agustín en sus sermones: "¿No es usurpar los derechos de Dios, único dueño de la vida?", objeta el padre de la Iglesia, en forma decisiva contra la pena de muerte. En su carta a Marcelino, que iba a pronunciar una sentencia en contra de unos donatistas convertidos en delincuentes, el santo y sabio obispo de Hipona exhorta lúcidamente al juzgador: "Juez cristiano, que la indignación provocada por la iniquidad no te haga olvidar las exigencias de la humanidad. Al castigar a los culpables, busca más bien curar sus llagas que tomar venganza de sus crímenes... A pesar de la atrocidad de los actos de que se confiesan culpables, te suplico, por consideración a mí y a causa de la caridad cristiana, que les inflijas una pena que no sea la capital..."

La carta a Marcelino no es una excepción. En el epistolario de san Agustín se encuentra su clara oposición a que se aplique la pena de muerte: "Deseamos que la temible severidad de las leyes y de los jueces sirva para corregir a los culpables, y no para matarlos a fin de que escapen de la condena eterna". Ésta es su posición definitiva, mas no la actitud que toma en su tratado *De gratia et libero arbitrio* ante los jueces que acatan la legislación romana y sentencian a la pena capital. En este último caso se trata de hechos consumados, que san Agustín nunca declara lícitos y que sólo los contempla como "legales". *Un plano formal de pura legalidad de una autoridad competente que respete las garantías establecidas es diverso del problema de la licitud de la pena capital.* Por algo la Iglesia afirmó siempre que no le incumbía dictar esa pena. La herencia del Imperio Romano pagano —hay que reconocerlo— pesó mucho. Muchas veces, la Iglesia se encontró entre la espada y la pared. Casos hay, como el del papa san Gregorio Magno, en que no se vacila en afirmar: "Porque temo a Dios, no me atrevo a sentirme responsable de la muerte de hombre alguno". El magistrado Bonifacio había mandado ejecutar a Malco sin dar tiempo a la intercesión papal en favor del reo, claro ejemplo de una condena ante un hecho consumado e irreparable *(Colecciones de Cánones y Concilios de la Iglesia Española,* vol. 2, Madrid, 1850, pp. 286-287; Mansi, vol. 10, col. 629). Aunque las opiniones estén divididas, hay suficientes casos que dejan ver, a las claras, la verdadera actitud cristiana ante la pena de muerte: "Sin misericordia será juzgado el que no hace misericordia" (papa Nicolás I, *Epis.,* 97, P. L. 119, 989). En otro fragmento de la misma epístola, el papa Nicolás I concluye diciendo: "Así como Cristo os liberó a vosotros de la muerte ganándoos para la vida eterna, así vosotros debéis procurar a toda costa librar de la muerte lo mismo a los inocentes como a los culpables" *(Epis.,* 97, 25 P. L. 119, 991).

En la plenitud del siglo XII, el obispo Ivo de Chartres se preguntaba: "¿Cómo es posible que la Iglesia apruebe la efusión de sangre cuando ella en el instante mismo de nacer juzgó preferible derramar la suya propia?" (Lvecilla, *De presuris Eclesiasticis Livellus,* P. L. 134, 6061 y 59). Graciano (en 1170), Alano de Lille (en 1202), Ivo de Chartres y Pedro de Poitiers —franceses casi todos ellos— fueron los primeros defensores de la pena de muerte. Desde esa época hasta el siglo XIX parecía normal y legítima la pena capital; muy pocos se tomaban la molestia de cuestionar y contradecir su legitimidad. Dos honrosas excepciones en la doctrina de la pena capital están constituidas por el insigne franciscano Juan Duns Escoto —el doctor sutil— y el sacerdote español Martín Sarmiento. Había una curiosa e incongruente dicotomía: el poder secular podía ejecutar la pena de muerte (juicio de sangre) sin cometer pecado mortal, siempre que la sentencia no se pronunciase por odio o falta de cautela; en cambio, la Iglesia no podía mancharse con los juicios de sangre. Los herejes contumaces eran entregados a los poderes seculares. El poder coercitivo del Estado, al cual alude san Pablo con el recurso referido de la espada, cargaba con la responsabilidad moral de matar a los delincuentes *(ius gladii).* Los teólogos se esforzaron por evitar que la Iglesia se viera implicada *formalmente* en los juicios de sangre. Se transitaba —con ilegitimidad— de los hechos consumados al derecho y del derecho a la moral. La mayoría de las veces, los teólogos adoptaban una posición apologética de la pena de muerte, ausente de toda crítica; además, se invocaba la autoridad de san Agustín en forma errónea. Porque lo cierto es que el santo obispo de Hipona habrá podido evolucionar en su pensamiento, pero nunca dejó de sostener su contundente aserto: *Jamás se ha de llegar a la pena de muerte*. La naturaleza del hombre es obra exclusiva de Dios creador, con la pena de muerte se destruye con plena advertencia la naturaleza humana. Es lamentable que santo Tomás y Francisco de Vitoria desconocieran la constante intelectual en san Agustín sobre la pena de muerte. Y digo lamentable, porque Cristo mismo enseñó la ley del perdón al enemigo.

En la sociedad feudal se entronizó —como indiscutible— la doctrina de la ejemplaridad de la pena de muerte. No importaba la crueldad del castigo ni su difusión, porque lo único que verdaderamente valía era la supuesta ejemplaridad.

La monarquía absoluta que se inició con Francisco I de Francia y terminó con Luis XIV fue inflexible y severa. El incremento del pauperismo, la rebelión de los miserables en las grandes ciudades, el bandolerismo de los pillos trajo, como consecuencia, una represión despiadada. Muy pocos se alzaron contra el principio de la pena de muerte, durante tres siglos (del XVI al XVIII). Los tres valdenses y los cuáqueros se opusieron a la pena capital, sin mayor éxito por ese momento.

Fue hasta el siglo XVIII cuando se abrió una nueva época en la pena de muerte. En la ciudad de Liorna (en 1764) apareció publicado un tratado que llevaba por título *Dei dellitti e delle pene*. La obra de César Beccaria sacudió las bases más profundas de los soportes medievales que perduraron hasta el siglo XVIII. No me interesa el gusto por el optimismo y la ilusoria fe en el progreso humano indefinido, ni mucho menos la tesis de la bondad natural del hombre. De ese Siglo de las Luces, en materia de derecho penal, habría que rescatar la noble idea de la posibilidad de enmienda, porque esta vida sin la posibilidad de enmienda no valdría la pena de ser vivida. Caemos y nos levantamos, una y otra vez. La posibilidad de regenerarse, la perspectiva de nacer a una nueva vida, penetra y funda esta aventura en curso que es la vida humana.

Las ideas humanitarias y filosóficas que se siguieron de la primera campaña abolicionista, emprendida por el marqués de Beccaria con su célebre tratado, se abrieron paso entre intelectuales, burgueses y "déspotas ilustrados". El movimiento en favor de la abolición de la pena de muerte —nunca se olvide— no fue obra de los estados, sino de los pensadores, intelectuales, filósofos y penalistas. Voltaire se adhirió entusiastamente a la cruzada de Beccaria y se rebeló contra la inútil y cruel barbarie de las ejecuciones. "La muerte no beneficia más que al verdugo, a quien se paga por matar hombres en público", decía el patriarca de Ferney; así, se empezó a advertir que una pena tan desproporcionada indigna a la humanidad. César Bonesana, marqués de Beccaria, sentó una teoría general de las condenas, con rigor matemático: "Para que una pena no sea una violencia de uno solo o de varios contra un ciudadano, debe ser pública, pronta, necesaria, la menor que sea posible en circunstancias dadas, proporcionada al delito y fijada por la ley". El ser humano no tiene derecho a disponer de su vida, "ni puede concederla a otro, ni siquiera a la sociedad entera, aunque quisiera. El hombre no puede disponer de su existencia como si fuese suya, como si se la hubiese regalado a sí mismo".

En la experiencia de 20 siglos, la pena de muerte ha probado que el temor al último suplicio jamás ha impedido que los hombres dejen de dañar a la comunidad.

La pena de muerte "no es para la mayoría —dice Beccaria— sino un espectáculo y, para nosotros, un objeto de desdeñosa piedad. Estos dos sentimientos absorben el alma y no dejan penetrar en ella ese terror saludable que las leyes quieren inspirar exclusivamente". En otras palabras, la pena de muerte no resulta ejemplar.

La historia de la humanidad es "un vasto océano de errores". Casi todas las naciones autorizaron los sacrificios humanos; hoy día, nadie intentaría justificar esa bárbara e inhumana costumbre.

La impresión causada por la "muerte legal" es pasajera. No sólo no logra su objetivo, sino que endurece a los delincuentes que saben de la existencia de la pena capital. Consiguientemente, no es necesaria.

Los tradicionalistas a ultranza se sintieron como náufragos en una tempestad acuífera, pero los innovadores se sintieron felices con el nuevo lema: *La vida no está bajo el poder de nadie.* (Véase de César Beccaria el *Tratado de los delitos de las penas*, capítulos XVI, XXIII, XXIV y XLII, José M. Cajica Jr., Puebla, 1957.) Cuando el juez, engañado por las apariencias, ha mandado la ejecución de la pena de muerte, el ejecutado no puede volver a esta vida. Jamás podrá repararse esta injusticia. Bastaría el temor a los errores judiciales, tan posibles y tan reales, para que la pena de muerte fuese abolida. La aparición del tratado de Beccaria causó reacciones favorables, profundas y provechosas a todas luces. El código penal austriaco, promulgado por José II en Viena en 1787, suprime la pena de muerte, sin excepción alguna. Ya en Toscana se perdonaba sistemáticamente a los condenados, pero aún subsistía "legalmente" la pena de muerte para que produjera el supuesto poder de intimidación.

Ni en Toscana ni en el Imperio austriaco aumentó el número de crímenes durante el periodo de la abolición. Siguió una serie de aboliciones parciales en Prusia, con Federico II, y en Pensilvania, donde imperaban los cuáqueros. Hasta en Inglaterra y Rusia prosigue el movimiento de las aboliciones parciales, y sólo Francia permanece cerrada frente a las ideas abolicionistas. La República Federal de Alemania y la República Italiana marchan a la vanguardia en el movimiento abolicionista de la pena capital. La primera nación establece en el artículo 102 de la Ley Fundamental de la República Federal de Alemania: "Queda abolida la pena de muerte"; a su vez, Italia, en el artículo 27 de su Constitución, dice textualmente: "No se admite la pena de muerte, sino en el caso previsto en la ley militar de guerra". Hay un éxito significativo, aunque no sea total. En la campaña abolicionista participan no sólo literatos, sino también jurisconsultos y criminalistas de prestigio. Las adhesiones se presentan cada vez más fundamentadas, pero la pena de muerte no resulta útil ni ejemplar. El argumento de la "compensación" defendido por los partidarios de la pena capital, se descubre como mera envoltura del antiguo principio del talión. Consiguientemente, la pena de muerte debiera excluirse de la legislación en todas las naciones civilizadas. *El objetivo primordial de la pena no es la venganza ni la expiación del condenado, sino su mejoramiento, susceptible de realizarse por un buen régimen penitenciario.* Ningún criminal elabora "doctos cálculos de *compensación* ulterior", ni tiene presente la pena de muerte con la cual se le amenaza, sino los medios para cometer su crimen sin que puedan descubrirlo. Por eso se ha advertido que "la pena de muerte tiene menos fuerza de intimidación que cualquier otra pena"; sin embargo, la contrarresta la esperanza de la absolución o de la gracia. Sólo queda un medio para compensar el crimen: *enmendarse y reconciliarse con la comunidad.* Hay un importante principio establecido por el penalista belga J. J. Thonissen: *Las penas por sí solas no determinan el número de los crímenes (De la pretendué necessité de la peine de mort,* Lovaina, 1873). *Se observa que los castigos moderados, pero prontos y determinados, operan tan eficazmente como las penas de un rigor extremo.*

La supuesta *intimidación* de la pena de muerte es mera engañifa. Al espectador de una ejecución le sobreviene, con frecuencia, un efecto inverso a la intimidación.

Los "asesinatos" judiciales emitidos por el *error judicial* son más frecuentes de lo que se piensa. Desde el siglo xix empezó el recuento. A guisa de ejemplo, el destacado jurista sir Fritz Roy Kelly manifestó a la Cámara de los Comunes que conocía por lo menos *17 casos de errores judiciales que mandaron condenar a muerte* a personas cuya inocencia fue reconocida plenamente con posterioridad. Los 17 condenados a muerte fueron ahorcados por los *asesinatos judiciales*. Hoy día se buscan con afán las causas de estos errores: falsos testimonios, peritajes mal llevados, pruebas erróneas... En Bélgica fueron ejecutados dos reos cuya inocencia fue perfectamente probada en 1862. De ahí la abolición *de facto* que en ese país se produjo tras los errores judiciales.

En Norteamérica existe, desde 1845, la Sociedad Estadunidense para la Abolición de la Pena de Muerte. El estado de Michigan remplaza la pena capital por la prisión perpetua para todos los crímenes, exceptuando la traición (1846); Rhode Island suprime la pena de muerte en todos los casos, sin excepción alguna (1852), y otro tanto hace el estado de Wisconsin (1853). El movimiento continúa en diversos estados, aunque sea con altibajos, y en algunos otros se reducen progresivamente los casos de aplicación. En los Estados Unidos se discute acaloradamente en torno a la "silla eléctrica". Son célebres las protestas de Thomas Edison y de Nicola Tesla. Mientras unos piensan que la electrocución es el método "más civilizado", otros afirman que la "silla eléctrica" es el *suplicio más horrible* que se haya inventado hasta ahora. En América Latina, la abolición de la pena de muerte se ha ido imponiendo con base en la experiencia. Se empezó por la abolición de hecho, se continuó por la clemencia de los tribunales —o por el indulto gubernamental— y se concluyó por la abolición legislativa en un gran número de países.

Europa ha hecho progresos tanto en la *abolición de hecho* como en la *abolición de derecho;* por otra parte, hay casos de regresión (como el de Gran Bretaña) y de cerrazón (como el de Francia). En las dictaduras totalitarias nunca ha prosperado el movimiento abolicionista. Los argumentos que esgrimen los partidarios de la pena de muerte siguen siendo los mismos que se esgrimieron en la Edad Media: ejemplaridad, ley del talión, intimidación... Se piensa que la sangre derramada se paga con otra sangre derramada; por fortuna, *la política criminal humanista,* con nuevos enfoques multidisciplinarios, se va abriendo paso con fuerza incontenible. Ahora importa la implantación racional de un sistema justo de represión contra el crimen. Se abre camino el derecho sagrado a la vida y a la integridad corporal y se piensa en la pena de sustitución para los "criminales incorregibles y peligrosos".

Con su característica agudeza mental, Bernard Shaw apuntaba que *no se puede volver mejor a un hombre haciéndole un mal.* La actual *política de prevención criminal* no rechaza la noción de responsabilidad ni el compromiso con los valores sociales, pero le preocupa, primordialmente, *preparar la rehabilitación social del delincuente, establecer medidas de seguridad apropiadas, aplicar sanciones individualizadas, abrir las posibilidades de readaptación.* La necesaria protección del orden social normativo y la rehabilitación del culpable no son polos inconciliables, sino cofactores de la armonía social.

Si *la pena de muerte es un verdadero crimen social,* como lo piensan la mayor y la mejor parte de los sociólogos contemporáneos, lo importante ahora es aplicar de forma práctica el *sistema de convención penitenciaria:* asignación y ejecución de las penas; medidas flexibles en las instituciones de tutela y asistencia; comisiones de asesoría y asistencia a los presos liberados; examen de la personalidad del crimen por médicos, psicólogos y trabajadores sociales; todo ello permitirá al Estado salvaguardar el bien público temporal y respetar el derecho supralegal e intrínsecamente justo. El valor excepcional de la persona humana, su eminente dignidad, su carácter de ser único e irremplazable en el mundo, incluso cuando se trata de la persona de un criminal, mueven a establecer una inteligente política criminal. No se trata de sentimentalismo blandengue e incontrolado, sino de imperativos de la recta razón. El estudio de la pena de muerte en la historia —que no es lo mismo que la historia de la pena de muerte— induce a evitar *el carácter irreparable, por error judicial, que presenta la pena capital.* La ejecución de un hombre, cualquiera que sea, siempre será monstruosa. Un ilustre criminólogo alemán, el profesor Bockelmann, en una obra escrita en colaboración con 12 criminalistas germanos en 1962, concluye el estudio con esta afirmación contundente: *"El principal motivo racional contra la pena de muerte es que no se puede invo-*

car ningún motivo racional en su favor". Uno a uno han ido cayendo los endebles argumentos de los partidarios de la pena capital. La moderna defensa social se apoya en la razón, en la justicia, en la humanidad.

Las penas sustitutas están ahora en el primer plano de la discusión. Importa dejar siempre espacio a la enmienda del delincuente; nadie podrá convencernos de que esta enmienda no es tarea de razón, de justicia y de amor al prójimo. La reeducación social limita convenientemente el encierro del delincuente. Hablar de los reos como "desechos sociales" es digno de comunidades primitivas, del régimen nazi o de checas y rusas.

En 1989, fecha en que el historiador de la pena de muerte Jean Imbert publicó su libro *La peine de mort*, editado por Presses Universitaires de France, se hizo el recuento siguiente:

> A la hora en que se escribe la presente obra, 35 países han abolido la pena de muerte por todos los crímenes y 18 la han abolido solamente por los de derecho común (la pena de muerte aplicable por crímenes correspondientes a la justicia militar o en tiempo de guerra); a esta lista deben añadirse 27 países o territorios que no han realizado ninguna ejecución desde hace más de 10 años y que, por lo tanto, son abolicionistas de hecho. En total, 80 países han repudiado la pena de muerte, mientras que en un centenar de ellos subsiste todavía. Sin embargo, estas cifras son alentadoras en la medida en que, como se ha señalado, muchos países abolicionistas habían restablecido la pena de muerte entre las dos guerras mundiales *[La pena de muerte*, Fondo de Cultura Económica, México (Colección Popular), 1993, p. 132].

El caso de la República Federal de Alemania es digno de destacarse tras la experiencia amarga del régimen nacionalsocialista. Alemania Occidental descartó la pena de muerte en el artículo 192 de su Constitución el 24 de mayo de 1949; años después, el *Código Penal Militar* de la RFA suprimió la pena capital. En 1973, Inglaterra se opuso a restablecer la pena de muerte para ciertos homicidios voluntarios, mientras que Holanda la abolió en 1870. Los crímenes posteriores a ese año no han aumentado después de la abolición. Resulta interesante hacer notar que la abolición de la pena de muerte en Alemania, Austria y Finlandia produjo una disminución regular de los homicidios voluntarios.

Europa occidental y Australia se han pronunciado en favor de la abolición. Sólo algunos estados de la Unión Americana se aferraron a la cruel e inhumana pena de muerte, mientras que en América Latina, los países totalmente abolicionistas y los parcialmente abolicionistas constituyen la mayoría. Unas cuantas naciones, entre ellas México, conservan la pena capital: Bolivia, Paraguay, Guatemala, Isla de Dominica, Cuba, Chile y Jamaica. Entre los países totalmente abolicionistas figuran Colombia, Uruguay, Costa Rica, Venezuela, Ecuador, Haití, Honduras, Nicaragua y República Dominicana. En la lista de los países parcialmente abolicionistas se inscriben El Salvador, México, Brasil, Argentina, Canadá y algunos estados de la Unión Americana.

Una cosa es la legislación en los países que conservan la pena de muerte y otra muy distinta la práctica. Existen varias naciones que, aunque conservan la pena de muerte en su legislación, en la práctica no proceden a ninguna ejecución. Estamos ante 27 países abolicionistas *de facto* que ignoran las ejecuciones, por ejemplo Bélgica, Irlanda, Grecia, islas Bermudas, Madagascar, Nigeria, Senegal, Costa de Marfil, las Maldivas, las Comores, Jibuti, Argelia, Túnez y Marruecos.

A la cabeza de las ejecuciones capitales están Irán, Afganistán, Egipto, Emiratos Árabes Unidos, Irak, Jordania, Kuwait, Arabia Saudita, Libia, la República Sudafricana, etcétera.

Se ha hablado de una lista del horror por los modos —crueles, inhumanos— de ejecución.

El estudio de la pena de muerte en la historia no es, ni debe ser, un trabajo de mera erudición. Se trata de saber por qué la pena capital está disminuyendo en el número de los países que constituyen esta "República del Orbe", como llamó Francisco de Vitoria al mundo. Se han descartado como falaces los antiguos argumentos de la utilidad, la ejemplaridad y la necesidad. *Los países que han abolido la pena de muerte no han incrementado el número de sus criminales, mientras que aquellos que la conservan no han podido ver la disminución en la delincuencia. Consiguientemente la experiencia de la pena de muerte en la historia da razón a los abolicionistas.* Hay una conclusión lapidaria que sienta el historiador Imbert: *La historia más que milenaria prueba que nunca pudieron suprimirse los crímenes suprimiendo a los criminales (ibid.,* p. 155). Se sabe que aún no desaparecen los sentimientos taliónicos: *que maten a quien mate.* Algo de bárbaro, de instintivo, de primitivo y de cruel está oculto en el más refinado hombre contemporáneo. Hace poco tiempo escuchaba exclamar a una señora, no exenta de cultura: *a ése que lo quemen con leña verde.* Como si la venganza obedeciera a un sentimiento racional de compensación innecesaria que se quiere convertir en necesaria.

¿Qué revelan las estadísticas? *En los países abolicionistas,* de facto *o* de jure, *la abolición no ha provocado, en manera alguna, un aumento o recrudecimiento de la criminalidad.*

2. La pena de muerte en México

En forma taxativa, la Constitución Política de los Estados Unidos Mexicanos prohíbe la pena de muerte, tan sólo para la delincuencia política. No conozco otra ley fundamental, en el nivel del derecho comparado, que permita expresamente la imposición de la pena de muerte en materia de determinados delitos comunes —algunos de ellos anacrónicos— o infracciones pertenecientes al fuero militar. El artículo 22, *in fine,* de la Constitución Mexicana de 1917 afirma textualmente: "Queda prohibida la pena de muerte por delitos de orden político, y en cuanto a los demás, sólo podrá imponerse al traidor a la patria en guerra extranjera, al parricida, al homicida con premeditación, alevosía y ventaja, al incendiario, al plagiario, al salteador de caminos, al pirata y a los reos de delitos graves de orden militar". Adviértase que nuestra Constitución se refiere a salteadores de caminos, a piratas y a incendiarios. Resulta comprensible esta terminología a principios del siglo xx, pero a fines de la presente centuria, la terminología confrontada con los hechos de la vida real es anacrónica; además, cabe hacer notar que el incendiario, como delincuente, está inmerso dentro de la modalidad del delito de daño en propiedad ajena. El Código de Justicia Militar, con base en la opción otorgada por los constituyentes de 1917, prevé la pena de muerte para delitos graves: rebelión, deserción, falsa alarma, espionaje, insubordinación con resultado de muerte de un superior, etcétera.

Mientras el legislador militar usó la permisión otorgada por la Carta Magna, el legislador civil no utilizó la opción concedida. Hoy día, siguen las pautas trazadas por el Código Penal Federal, pero queda siempre la posibilidad de que los congresos locales permitan la pena capital en sus legislaciones respectivas para los casos previstos por el artículo 22 constitucional. Por eso urge la reforma total del artículo 22 de nuestra Constitución. El Código Penal para el Distrito y Territorios Federales de 1931, siguiendo el Código de 1929, no incluyó, en el elenco de sanciones, la pena capital. Este código, vigente en el Distrito Federal en materia de fuero común y en toda la República en materia de fuero federal, presenta una amplia lista de penas y medidas de seguridad.

La Constitución de 1857 decía a la letra, en su artículo 23:

> Para la abolición de la pena de muerte, queda a cargo del poder administrativo el establecer a la mayor brevedad el régimen penitenciario. Entretanto, queda abolida para los delitos políticos y no puede extenderse a otros casos más que al traidor a la patria en guerra extranjera, al salteador de caminos, al incendiario, al plagiario, al pirata, al parricida, al homicida con premeditación, alevosía y ventaja y a los delitos graves del orden militar que definiere la ley.

Quiero hacer notar que la promesa de la Constitución de 1857, en el sentido de abolir la pena de muerte para cuando se realizara la creación del régimen penitenciario, quedó incumplida. La ley fundamental vigente no renovó la promesa y se limitó a copiar el texto constitucional del siglo pasado.

En la patria mexicana existe una tradición sanguinaria que es necesario suprimir de cuajo. Desde la época pre-cortesiana, los habitantes del imperio del Anáhuac aplicaban, en una u otra forma, la pena de muerte. En el Código Penal de Nezahualcóyotl para Texcoco se estatuía que los aztecas y los tlaxcaltecas ejecutaban la pena capital por varias y diversas razones: homicidio, robo, adulterio, alteración de hechos por parte de historiadores, faltas de respeto a los padres, traición al rey, maltratos a embajadores o ministros del rey, incestos en primer grado, uso de vestidos impropios del sexo, latrocinio de joyas de oro, dilapidación de herencias paternas... Sólo los mayas constituyen una honrosa excepción, tras los indígenas; a su vez, los mestizos, desde el nacimiento de la nación mexicana, prosiguen con la pena capital. Otro tanto sucede en el virreinato: los herejes —"corruptores de la fe"— eran quemados vivos por los verdugos, quienes obedecían las órdenes del Tribunal de la Inquisición. Miguel Hidalgo y Costilla abolió la esclavitud, pero no la pena de muerte, a su vez, Morelos, en los *Sentimientos de la Nación*, aclara que en la nueva legislación no se permite la tortura y no habla en absoluto de la pena capital.

Los medios de ejecución de la pena capital han variado notablemente a través de la historia de México. En suelo mexicano se han utilizado el apedreamiento, los garrotazos, el descuartizamiento, la asfixia por sumersión y la hoguera. Las penas de sangre, hijas de pasiones, hunden sus raíces en el suelo nutricio de la venganza.

Afortunadamente, hace varios años que en México no se aplica la pena de muerte. La historia de la pena capital en el país ha sido la de su abolición continua en los diferentes estados que la tenían. Diríase que hay una aspiración mexicana —humanísima, por cierto— hacia el abolicionismo. La experiencia del estado de Oaxaca, que usó las sentencias de muerte más que ninguna otra entidad de la Federación, muestra la más elevada proporción de impunidad;

además, la pena de muerte no reprimió los crímenes, sino que los multiplicó. La aplicación de las penas crueles, lejos de sofocar la tendencia al delito, la incrementan con una extraña ferocidad humana. La pena capital es incapaz de eliminar el crimen; más bien, lo único que hace es eliminar delincuentes. La pena capital desapareció en el Código Penal del Distrito Federal, publicado en 1929; a su vez, el estado de Sonora —última de las entidades federativas que suprimió la pena de muerte— publicó su nuevo Código Penal reformado en 1965. Sólo resta por suprimir la pena de muerte en el Código de Justicia Militar. En el ámbito constitucional vale la pena destacar que, en 1933, la Comisión Nacional de Derechos Humanos envió una iniciativa al Congreso de la Unión para eliminar la pena de muerte en la Constitución vigente.

Mariano Ruiz-Funes, ilustre criminólogo español, afirmó con toda razón que "la pena de muerte es un residuo arbitrario y estéril de la venganza que se sintetiza en la defensa política por el terror". Los hombres de bien —en México y en cualquier otro país— no quieren venganzas ni defensas políticas por el terror, porque no se necesita. Sólo en las dictaduras renace la pena de muerte, mientras que en las democracias, que reconocen y garantizan los derechos humanos, la pena capital resulta inicua y absurda. La historia del derecho penal es la de la supresión de las penas injustas e inútiles. En ese sendero transita el México contemporáneo.

En 1933, Francisco González de la Vega, gran penalista mexicano, realizó una encuesta sobre el tema de la pena capital entre jueces penales y delincuentes procesados por homicidio. Los jueces resultaron partidarios de la supresión de la pena de muerte, mientras que los criminales parecían inclinarse por la pena capital. Con vigor admirable, el maestro González de la Vega dejó oír su voz con radiante claridad: "La vieja norma de arcaico acento y siempre renovada vigencia nos preside. Ella se expresa así: no matarás. No matarás sin distinciones ni sutilezas, sin componedas ni sofismas. Un no matarás incondicionado. *Un no matarás a nadie, ni a tu prójimo, ni a ti mismo*" (citado por Alfonso Quiroz Cuarón, en su libro *La pena de muerte en México*, Ediciones Vocas, México, 1962, p. 77).

Es tiempo de imbuir, en cada mexicano, un horror al derramamiento de sangre humana. La pena de muerte resulta ejemplar no en el sentido erróneo e ingenuo que le otorgan sus partidarios, sino porque enseña a la peor ferocidad humana, que es el derramamiento de sangre. Todo gobierno civilizado y democrático debe defender la vida humana y la integridad corporal, sin excepción alguna. La ciencia con brújula ética está orientada a la conservación de la vida, mas no a su destrucción; salvar la vida del hombre por abyecto que sea, y no destruir. Contra la venganza colérica hay que enarbolar una sabia política de prevención del crimen; es preciso desmitificar la acción de vengar a la sociedad. En la era cristiana se adora a Dios misericordioso, quien prohíbe matar, sin tener que satisfacer a dioses terribles, crueles, vengativos. Las torturas más cruentas y espantosas no han podido frenar la delincuencia; tampoco la pena de muerte. La venganza colérica se enmascara en los procesos judiciales que conducen a la pena capital. El criminólogo mexicano Alfonso Quiroz Cuarón, hombre bueno y sabio, hace comprender que la pena de muerte nada remedia; simplemente elimina de forma total y definitiva. La criminología —que según Benigno Di Tullio es ciencia de la generosidad— opta entre eliminar y conservar, por conservar e inocuizar al delincuente para tratarlo. Entre el *eros* y el *tanathos*, entre la agresividad o la solidaridad, opta por la solidaridad humana. Nosotros también optamos por el respeto irrestricto a la vida y a la dignidad de toda persona humana, trátese de quien se trate.

Hace 42 años, aproximadamente, que no se aplica la pena de muerte en México. Marchamos con decisión hacia el abolicionismo. Hagamos votos por la supresión legal de la pena de muerte en el texto del artículo 22 de la Constitución Política de los Estados Unidos Mexicanos.

3. Declaraciones históricas sobre la pena de muerte

La asamblea general de la Organización de las Naciones Unidas proclamó, en el artículo tercero de la *Declaración Universal de Derechos Humanos:* "Todo individuo tiene derecho a la vida, a la libertad y a la seguridad de su persona". Y el artículo quinto del mismo ordenamiento preceptúa: "Nadie será sometido a torturas y penas o tratos crueles, inhumanos y degradantes". En consecuencia, todos los países signatorios de esta declaración deberían poner su legislación con textos de la declaración firmada en 1948; no hay derecho en contrario. El artículo 30 es muy claro al respecto: "Nada en la presente Declaración podrá interponerse en el sentido de que confiere derecho alguno al Estado, a un grupo y a una persona para emprender y desarrollar actividades, realizar actos tendientes a la supresión de cualquiera de los derechos y libertades proclamados en esta Declaración".

La Declaración de los Derechos del Hombre y del Ciudadano, en 1791, se limitó a establecer, de manera general, el respeto a los derechos humanos. El artículo segundo dice textualmente: "El fin de toda acción política es la conservación de los derechos naturales e imprescriptibles del hombre; estos derechos son: la libertad, la propiedad, la seguridad y la resistencia a la opresión". Los representantes del pueblo francés, constituidos en asamblea nacional, consideraron que la ignorancia, el olvido o el menosprecio de los derechos del hombre son las únicas causas de los males públicos y de la corrupción de los gobiernos. Lamentablemente, esos representantes olvidaron u omitieron en su declaración el derecho inalienable e imprescriptible a la vida y a la integridad corporal. Afortunadamente, la Organización de las Naciones Unidas llegó a remediar, en su Declaración, la omisión de ese derecho primordial y sagrado a la vida; por lo menos, así se ha estatuido en el artículo tercero de la Carta de San Francisco (1948); no importa que posteriormente se haya incurrido en el torpe error de abrir la puerta, con la presunta legitimidad del Estado, para establecer y aplicar la pena capital. Hay una inocultable incongruencia en el artículo sexto, que entró en vigor en 1976; por una parte se establece: "El derecho a la vida es inherente a la persona humana. Este derecho estará protegido por la ley". Por otra parte, se dice que "no se puede ser privado de la vida arbitrariamente". En los países que no hayan abolido la pena capital sólo podrá imponerse la pena de muerte por los delitos más graves, de conformidad con leyes que estén en vigor en el momento de cometerse el delito y que no sean contrarias a las disposiciones del presente pacto ni a la convención para la prevención y la sanción del delito de genocidio. Esta pena sólo podrá imponerse en cumplimiento de sentencia definitiva de un tribunal competente. Todo lo dicho en la primera parte del texto del artículo sexto se hace nugatorio con la segunda parte, ya citada. Aunque la mentalidad de la ONU, reflejada en ese artículo, es abolicionista, condesciende con un presunto derecho estatal a implantar y aplicar la pena de muerte. La debilidad doctrinaria de la ONU es patente en este respecto. Por boca de su secretario general, en 1980, afirmó que "quitar la vida a los seres humanos viola el respeto debido a la dignidad de la persona y al derecho a la vida proclamados por los postulados fundamentados de Naciones Unidas". Más aún, el secretariado de la ONU calificaba a la pena de muerte como "un castigo cruel, inhumano y degradante, absolutamente inaceptable, independientemente de los delitos contra los que se trate". No habiéndose llegado a ningún acuerdo, se retiró la propuesta.

El Consejo de Europa, en 1980, y el Parlamento Europeo, en 1981, se pronunciaron en favor de la abolición de la pena de muerte en tiempo de paz. Se espera que la Organización de las Naciones Unidas acoja valientemente esta honrosa actitud abolicionista.

La Declaración de Estocolmo se pronuncia claramente contra la pena de muerte y la califica como un castigo definitivo, cruel, inhumano, degradante y violatorio del derecho a la vida. Se suele usar como medio de represión contra grupos opositores, sectores marginados de la población y por motivos —no siempre confesados— raciales, étnicos y religiosos. La ejecución es un acto de suma violencia y ésta tiende a generar violencia; además, brutaliza a todos aquellos que se hallan implicados en el proceso, pero no ejerce influencia alguna en materia de disuasión. El recurso a la pena capital se presenta con mucha frecuencia bajo la forma de inmotivadas desapariciones, ejecuciones extrajudiciales y homicidios por motivos políticos. Cabe siempre la posibilidad de que se aplique a un ser inocente, aunque la ejecución sea favorable.

A los inocultables defectos de la pena de muerte, señalados por la Declaración de Estocolmo, cabe añadir el incumplimiento del deber estatal: tutelar la vida de todos los seres humanos —nacionales y extranjeros— que se encuentren bajo la jurisdicción de un Estado determinado. Cuando se trata de ejecuciones por coerción política, la inaceptabilidad acrece.

Una oposición total e incondicionada a la pena de muerte, una condena de todas las ejecuciones en todas sus formas, invita a la lucha franca en favor de la abolición de la pena capital. Esta invitación se ha dirigido a las organizaciones no gubernativas, nacionales e internacionales, a los hombres en lo individual y a los gobiernos para que contribuyan a que cese inmediata y completamente la aplicación de la pena de muerte. Se exhorta a las Naciones Unidas para que declare, sin ambigüedad, la antijuricidad de la pena de muerte que contraria al derecho internacional (véase la conferencia de Amnistía Internacional sobre la abolición de la pena de muerte, publicada el 11 de diciembre de 1977).

Bajo los auspicios de Amnistía Internacional, se celebró en Holanda una conferencia internacional sobre las ejecuciones extrajudiciales (del 30 de abril al 21 de mayo de 1982). El aumento de las ejecuciones y el modo de llevarlas a efecto, violando el propio orden normativo, motivó a los promotores de esta declaración sobre ejecuciones extrajudiciales a elevar una protesta pública internacional, constatando con indignación las prácticas bárbaras de algunos gobiernos y pidiendo que se pusiera fin a todas las ejecuciones extrajudiciales. En Irán, Irak y Paquistán, el promedio de ejecuciones anuales es verdaderamente alarmante. Muchas de ellas —en Irán, por ejemplo— se efectuaron sin ningún tipo de juicio previo. Desgraciadamente, estos movimientos abolicionistas de "amnistía internacional" no entran a discutir la pena de muerte desde el punto de vista del derecho natural. No basta tratar el aspecto pragmático y emocional de la pena capital, sino que es menester abocarse al problema de su licitud o ilicitud ética. Tampoco basta evitar los abusos prácticos de una ley penal que no es verdadera. Cuando lo que está en juego es la vida del hombre, que sucumbe a manos de un semejante, se necesita adelantarse directamente en la ilicitud ética y religiosa de un acto voluntario de privación de la vida.

La Organización de las Naciones Unidas sabe que la pena de muerte está vigente en muchos países, y no se ha atrevido a suprimirla en su legislación de manera explícita, clara, contundente. Sus simpatías están con el movimiento abolicionista, pero las razones de una seudoprudencia le han impedido pronunciarse nítidamente contra la pena capital y abrir la puerta al indulto o la dilación de la sentencia. Los filósofos y los juristas de muchos países esperan que la ONU declare, en un futuro próximo, la ilicitud de la pena de muerte. En Lisboa, Portugal (1981), la Asociación Médica Mundial estableció de manera inequívoca la prohibición ética para participar en la pena de muerte. Los principios de ética médica imponen al personal de salud, y a los médicos en particular, la obligación de negarse a tener cualquier relación profesional con presos o detenidos si no es para evaluar, proteger o mejorar su salud física o mental. Desde la época griega, con el juramento de Hipócrates, en la civilización griega, la profesión médica está dirigida a defender la vida de las personas, en su cabal salud. Se ha tratado, se trata ahora y se deberá tratar siempre de salvar la vida, mas no de destruirla. Este imperativo categórico obliga y compromete a todas las personas.

4. La pena de muerte en el nuevo "Catecismo de la Iglesia católica"

En el nuevo *Catecismo de la Iglesia católica* se muestra, con inalienable serenidad, el vigor y la belleza de la doctrina de la fe. La Iglesia marcha desde hace 20 siglos, aproximadamente, iluminada por las luces de sus concilios. Fruto del segundo Concilio Ecuménico Vaticano es el nuevo Catecismo Universal de la Iglesia Católica. Es preciso recordar que la Iglesia católica se encuentra implantada en ámbitos culturales diversos: razas, lenguas y costumbres; aun así, la fe católica exhibe saludablemente su unidad esencial —rica y articulada— en el nuevo Catecismo, de más de 600 páginas. Se quiere llegar a obtener la mayor fidelidad a la verdad integral de Dios y del ser humano.

La dignidad que todo hombre presenta sirve de base para destacar los derechos inalienables que dimanan de esa dignidad. En la esfera óntico-axiológica, el hombre se muestra como un ser deiforme, teofánico y teotrópico. El Catecismo lo dice a su manera: "El ser humano es la única creatura en la tierra a la que Dios ha amado por sí misma" (art. 356). En el universo visible no hay otro ente deiforme: "Por haber sido hecho a imagen de Dios, el ser humano tiene la dignidad de persona; es no solamente *algo* sino *alguien*. Es capaz de conocerse, poseerse y darse libremente, y entrar en comunión con otras personas" (art. 357). "Su eminente dignidad se pone de relieve en su ser de creatura redimida por Jesucristo y destinada a la bienaventuranza eviterna" (art. 1711).

Vale la pena destacar la concepción personalista de la Iglesia al sostener que "la persona representa el fin último de la sociedad" (art. 1729). No es la persona para la sociedad, sino a la inversa. La persona puede ser relativamente para la sociedad, pero la sociedad es absolutamente para la persona. Y el respeto por la persona empieza por el respeto a su vida. "La vida humana es sagrada, porque desde su inicio es fruto de la acción creadora de Dios y permanece siempre en una expresión relacionada con el

Creador, su único fin. Sólo Dios es señor de la vida, desde su comienzo hasta su término. Nadie, en ninguna circunstancia, puede atribuirse el derecho de matar de modo directo a un ser humano inocente" (art. 2258). Adviértase que se habla de la carencia del derecho de matar de modo directo a un ser inocente. Interpretando el precepto *a contrario sensu*, podría pensarse que es lícito matar de modo indirecto a un ser humano culpable, pero el quinto mandamiento del Decálogo estatuye lisa y llanamente, sin excepción ninguna: *no matarás (Éx.* 20-13). En consecuencia, tendremos algunas importantes distinciones: por una parte, hay una apasionada defensa de la vida humana inocente en el caso del aborto y en el de la eutanasia; por otra, hay una permisión, en *casos de extrema gravedad,* al recurso de la pena de muerte (art. 2266).

> La preservación del bien común de la sociedad exige colocar al agresor en estado de no poder causar perjuicio. Por ese motivo, *la enseñanza tradicional de la Iglesia* ha reconocido el justo fundamento del derecho y deber de la legítima autoridad pública para aplicar penas proporcionadas a la gravedad del delito, *sin excluir, en casos de gravedad extrema, el recurso a la pena de muerte.* Por motivos análogos, quienes poseen la autoridad tienen el derecho de rechazar por medio de las armas a los agresores de la sociedad que tienen a su cargo. Las penas tienen como primer efecto el de compensar el desorden introducido por la falta. Cuando la pena es aceptada voluntariamente por el culpable, tiene un valor de expiación. La pena tiene como efecto, además, preservar el orden público y la seguridad de las personas. Finalmente, tiene también un valor medicinal, puesto que debe, en la medida de lo posible, contribuir a la enmienda del culpable (*Lucas* 23, 40-43).

En estos casos de extrema gravedad —que por cierto han resultado el punto de crítica más fuerte del Catecismo—, se ofrecen a continuación, en el siguiente canon, indicaciones restrictivas para una hipotética y cuasiimposible aplicación: "Si los medios incruentos bastan para defender las vidas humanas contra el agresor y para proteger contra él el orden público y la seguridad de las personas, en tal caso la autoridad se limitará a emplear sólo esos medios, *porque ellos corresponden mejor a las condiciones concretas del bien común y son más conformes con la dignidad de la persona humana*" (art. 2267).

La Comisión de Redacción fue acusada por críticos vigorosos. Ha habido una "fuerte polémica" no sólo entre los intelectuales y el cardenal Ratzinger. Fui testigo de una incisiva pregunta formulada por un miembro del Pontificio Consejo para los Laicos al cardenal Ratzinger. Si la mayor y mejor parte de los estudiosos de la pena de muerte se muestran abolicionistas en la actualidad, ¿por qué la Iglesia sigue manteniendo abierta una posibilidad que constituya una regresión? El cardenal ha respondido a unos y otros que se trata de la tradición de la Iglesia, la cual está evolucionando hacia la supresión; pero hay países aún —los Estados Unidos es uno de ellos— que cuentan en su legislación a la pena de muerte. La Iglesia, con su prudencia, va estableciendo una limitación progresiva del derecho de la autoridad civil para imponer la pena capital; más aún, propone una nueva actitud: aplicación de medios incruentos. El nuevo Catecismo no duda en afirmar que "los medios incruentos responden mejor a las exigencias del bien y están más en consecuencia con la dignidad de la persona" (art. 2267). Como se ve, la pena de muerte está en pleno proceso de revisión. Muchos esperamos que el próximo Catecismo excluya la pena de muerte en todos los casos, pero, por ahora, el artículo 2267 establece unas condiciones de aplicabilidad difícilmente imaginables en nuestro tiempo. Existen otros métodos punitivos incruentos que bastan a salvaguardar el bien común de la sociedad. Importa destacar la interpretación de Ratzinger en el sentido de que en el nuevo Catecismo surge "la idea de una evolución que se aleja cada vez más de la pena de muerte".

Si el capítulo 5 en el nuevo Catecismo es un *canto a la vida,* tenemos el derecho de esperar la total supresión de la pena de muerte, incompatible con la dignidad humana. La vida es un don de Dios que nada ni nadie puede arrebatarnos. Tenemos que ser más congruentes; si condenamos el aborto —sin excepción alguna—, debemos condenar las penas de muerte sin excepción de casos. Ningún hombre, ni particular ni con poder político, puede privar de la vida a otra persona tan persona como el que mata. Hay una pregunta decisiva, que condena la pena de muerte: *¿Por qué matar gente que quita la vida a otra para mostrar que es malo matar?*

Personalmente no advierto caso alguno, con la llamada *legítima defensa de la sociedad,* que exija la pena de muerte. Para la legítima defensa de la sociedad basta y sobra la pena de privación de la libertad, con un buen sistema carcelario. Si el buen sistema carcelario no se ha implantando aún, ya es hora de que se implante.

Resulta de explorada doctrina la aseveración de que la pena de muerte es inocultablemente inadecuada para frenar la criminalidad. Las experiencias están a la vista desde finales del siglo XVIII hasta el Estado moderno pluralista y democrático de nuestros días.

La Iglesia católica muestra su prudencia y circunspección que recomienda acudir a medios incruentos de sanción penal. Las conferencias episcopales de muchos países se pronuncian en favor de la abolición total de la pena de muerte; a su vez, el pensamiento jurídico contemporáneo ha superado los argumentos esgrimidos por los partidarios de la pena de muerte, de forma que llegará el día —así lo espero— en que la radicalidad evangélica del *no matarás* prevalezca sobre la tradición teológica del tomismo. El amor al hombre hasta el perdón a los enemigos es el riguroso criterio evangélico. La supresión de la pena de muerte corresponde a las condiciones concretas del bien común y es la única conforme con la dignidad deiforme, teofánica y teotrópica de la persona humana.

Los efectos deseables de la aplicación de cualquier otra pena no se dan en el caso de la pena de muerte, porque ésta no compensa el desorden introducido por el delito ni constituye una verdadera expiación. La muerte del reo no tiene un valor medicinal ni contribuye a su enmienda.

Por fortuna, cabe decir que, en el Catecismo actual, el humanismo cristiano descarta en la práctica la pena de muerte, si se leen los textos de los artículos 2266 y 2267 con todo rigor.

VI. LA PENA DE MUERTE ANTE EL DERECHO INTRÍNSECAMENTE JUSTO

Sumario: 1. Fundamento y esencia del derecho natural. 2. La pena de muerte ante el derecho supralegal intrínsecamente justo. 3. Intangible dignidad óntico-axiológica de la persona humana y de su derecho a la vida y a la integridad corporal.

1. Fundamento y esencia del derecho natural

El Estado reconoce, define, realiza y sanciona un orden jurídico determinado, por concreción o determinación del derecho natural. La autoridad estatal aprecia y valoriza los elementos de hecho que condicionan la ordenación jurídica, así como la conveniencia de las soluciones en relación con el bien público temporal; pero toda esta parte "prudencial y técnica" que está a cargo del Estado se realiza dentro del marco del derecho natural. El derecho, a la vez instrumento y resultante de la actividad estatal, no agota la realidad del Estado. Además de norma o sistema de normas, el Estado es —lo cual no ha sabido ver Hans Kelsen— unión de voluntades, empresa en vista de un bien común. El Estado significa algo más que la pura regla de derecho, pues la regla jurídica está al servicio del Estado y de su fin: el bien público temporal.

Aun sin ideas vertidas en juicios técnicos, la razón natural comprende lo siguiente:

a) La existencia de principios morales en los hombres: justicia, deber, licitud, ilicitud, responsabilidad, culpa, etc. No se trata de invención arbitraria, sino de un dictamen superior a nuestras ideas y a nuestros sentimientos.

b) Estos principios están inmersos dentro del campo de lo ultrasensible, y dentro de lo ultrasensible pertenecen a lo racional, y dentro de lo racional se encuentran en el entendimiento práctico.

c) En cualquier forma histórica se pueden hallar estos principios, pues su base estriba en valoraciones y esencias externas, mas no en exigencias o coyunturas circunstanciales.

Sin término común, ¿cómo podrían compararse dos legislaciones? Sin cierto modelo previo, ¿cómo podría criticar una ley, cómo se podría explicar el afán de mejorarla? Por eso Platón afirmó que si hay un derecho absoluto, no hay en general derecho alguno.

Estamos frente a una norma de coexistencia válida metaempíricamente por su justicia intrínseca. El existir humano, sin dejar de ser libre, está sometido a exigencias normativas que el hombre debe realizar. En el haz de posibilidades que hay en la originaria proyección de la existencia del ser humano se da un núcleo originario de exigencias esenciales, cuya dimensión es jurídica. No hay derecho sin eticidad; la referencia al mundo de las valideces morales es insoslayable en todo verdadero ordenamiento jurídico. En el derecho natural se conjugan la inmutabilidad superahistórica y la abertura hacia la historicidad insoslayable de las situaciones convivenciales del hombre. Las normas supremas supratemporales de derecho natural, cuyo contenido inteligible es análogo, son susceptibles de explicaciones múltiples en la historia. Gustavo Radbruch advirtió que el derrumbamiento del Estado nazi, basado en la negación del derecho, colocó continuamente a la judicatoria alemana ante preguntas que el caduco pero aún vivo positivismo no sabrá nunca contestar. La fórmula lapidaria de "la ley es la ley" nos deja inermes contra toda clase de crueldades y arbitrariedades. Resulta por demás interesante consignar las palabras de Gustavo Radbruch en su última fase:

A la vuelta de un siglo de positivismo jurídico resucita aquella idea de un derecho superior a la ley, supralegal, aquel rasero con el que medir las mismas leyes positivas y considerarlas como actos contrarios a derecho, como desafueros bajo forma legal. Hasta qué punto deba atenderse a la justicia cuando ésta exija la nulidad de las normas jurídicas contrarias a ella, y en qué medida deba darse preferencia al postulado de la seguridad jurídica, si ésta impone la validez y el reconocimiento del derecho estatuido, aun a trueque de su injusticia, son problemas que hemos examinado y procurado ya resolver en páginas anteriores. El camino para llegar a la solución de estos problemas va ya implícito en el nombre que la filosofía del derecho ostenta en las antiguas universidades y que, tras muchos años de desuso, vuelve a resurgir hoy: en el nombre y en concepto de derecho natural [*Introducción a la filosofía del derecho*, México, Fondo de Cultura Económica (Breviarios), p. 180].

Me parece importante apuntar, junto a la diversidad conceptual de las doctrinas del derecho natural, la unidad de la idea del derecho natural como *ethos* jurídico, como verdadero derecho legitimador de todo derecho positivo. En este sentido, el derecho natural es pauta para establecer el derecho y criterio con que se debe examinar su carácter. Puede hablarse, si se quiere, de una instancia de control. Aunque en una época de mi vida abrigué serias dudas sobre la conveniencia de seguir utilizando la expresión "derecho natural", hoy no tengo reparos en emplear estos términos —que han adquirido carta de ciudadanía universal— siempre que se entienda por naturaleza "un principio de acción y de pasión intrínseco a cada ser y común a todos los seres". El despliegue del vivir coexistencial del hombre se funda en la naturaleza de su ser personal, señorial, social, contingente, religado y axiotrópico. Es ahí donde hinca sus raíces la estructuración jerárquica de relaciones, cuyo vértice supremo es el ser fundamental y fundamentante. La naturaleza humana no es una naturaleza terminada e inmóvil, sino que se realiza en despliegue coexistencial y en vivir histórico; aun así, la polivalencia potencial humana está limitada por la originaria naturaleza o estructura permanente. Trátase de una naturaleza racional del espíritu encarnado y de ser moral. El crecimiento histórico del derecho natural no es más que la historia de sus concreciones y de la conciencia de una superior moralidad. En nuestras manos está la promoción del progreso de la conciencia social, para que se adapte a lo que se reconoce como exigencias objetivas del derecho natural.

Permítase ofrecer tres pruebas de la existencia del derecho natural, no todas ellas, por supuesto, demostrativas: la psicológica y la histórica son simplemente persuasivas, en tanto que la filosófica parece plenamente apodíctica o demostrativa.

Prueba psicológica

Para demostrar la existencia del derecho natural, partimos de una experiencia interna: ignorantes o cultos, inteligentes o no, todos tenemos un criterio para discernir lo justo de lo injusto, la culpabilidad de la inculpabilidad. Partiendo de los primeros principios, nuestra razón forma sus juicios prácticos que le indican lo que debe hacer y lo que debe omitir. Toda vida colectiva ordenada presupone esta suma de principios prácticos, su existencia no queda desvirtuada porque en algunas aplicaciones concretas puede haber errores, resultantes de una educación deficiente o de una opinión equivocada.

Prueba histórica

En todos los pueblos y en todos los tiempos ha habido una creencia en un derecho natural. "Si no hubiera otras pruebas de derecho natural —ha dicho el jurista José Castán Tobeñas—, la continuidad maravillosa de su tradición a través de épocas históricas y civilizaciones tan diferentes, bastaría para acreditar que la idea de que se trata responde a una auténtica exigencia del pensamiento y de la realidad jurídica." Así es en efecto: desde los pueblos orientales hasta Grecia y Roma, de ésta al cristianismo (patrística y escolástica), la llama iusnaturalista se trasmite fielmente. Y aunque secularizada la idea del derecho natural a partir de las postrimerías del siglo XVI, no ha dejado de trasmitirse hasta nuestros días con sinigual ardor.

Pruebas filosóficas o racionales

El derecho natural es absolutamente necesario para la existencia de la sociedad humana. La sociedad —tan natural al hombre— exige cierto ordenamiento (derecho) natural también, impuesto por la naturaleza y cognoscible por la razón. Si se admite que Dios creó al hombre, y lo creó con una dimensión social, se tendrá que admitir que le dio los medios para conservarse y desarrollarse en la vida social. A los positivistas jurídicos —anacrónicos especímenes que todavía se encuentran de cuando en cuando— se les podría argüir que el derecho positivo presupone al derecho natural y que la negación de éste entraña la de aquél. Todo derecho positivo tiene un principio concreto en el tiempo, pues no ha existido desde la eternidad. Decir que su fuerza obligatoria se la ha dado el legislador es sólo aplazar la respuesta, porque este legislador, a su vez, tiene sus atribuciones derivadas de otra ley anterior. Y si proseguimos así en esta cadena, tendremos ineludiblemente que llegar a un Ser fundamental y fundamentante: Supremo Legislador. Sin este Ser fundamental y fundamentante no se demuestra el verdadero imperio de la ley jurídica sobre los hombres. Hace ya algunos años Mendizábal advertía: *a)* si soy el que mando, me rebelo, cuando quiero, de cumplir el mandato; *b)* toda vez que quien me mande sea igual a mí, le negaré toda sumisión; *c)* aun en el caso de que sean dos o más los que intenten mandarme, como la superioridad numérica que ostentan no suprime mi autonomía ni su bien satisface mi propia y natural tendencia, no me considero sometido a ello; *d)* cuando me manda un superior, el título de superioridad hay que probarlo; si es puramente material, me fuerza pero no me obliga; y si es moral ha de fundarse en una ley que a él le dé la autoridad y a mí me imponga la subordinación, y *e)* existen normas directrices de la conducta social del hombre, conformes con la naturaleza de éste y de las sociedades de que forma parte, y al comprenderlas, nuestra razón tiene que referirlas a Dios, que ha creado al hombre sociable.

El iusnaturalista alemán Catherin muestra por otra vía

cómo el derecho natural es fundamento necesario del derecho positivo. Aun antes de que exista el Estado existen los hombres, quienes tienen derecho y sus derechos subjetivos que podrían llamarse innatos. Ahora bien, al no existir una autoridad política que obligue con sus leyes a los súbditos y al no haberse formado aún el Estado, ese derecho —fundamento y raíz de los derechos particulares— no puede ser otro que el derecho natural.

¿Es acaso superfluo el derecho positivo? Desde el momento en que el derecho natural no puede descender hasta los casos concretos, pues las divergencias y los errores son aquí naturales a consecuencia de la falibilidad de nuestra razón, el derecho positivo justifica su existencia. Es preciso que el Estado determine una regla jurídica indiscutible, basada en el derecho natural, porque de otra manera no estarían los hombres de acuerdo en las aplicaciones concretas del orden jurídico general e inmutable.

El derecho natural es como un cimiento del derecho positivo sobre el que éste se apoya y del que deriva continuamente. Ni mera abstracción ni pura historicidad. El derecho natural —uno e inmutable en sus principios— ha de amoldarse a las dimensiones históricas del hombre —como lo vio certeramente Francisco Suárez— y a las desigualdades concretas.

Para ser sujeto de los derechos naturales, no se precisa tener conciencia de ellos. Cosa diferente es que para ejercitar las acciones que deriven de esos derechos se requiera dicha conciencia. La naturaleza cabal del hombre —su ser social, su razón, su libertad— es el fin normativo del derecho natural.

En forma didáctica y precisa, el ilustre iusnaturalista alemán Enrique Rommen brinda las enseñanzas siguientes:

El derecho natural es igual que la ley moral natural de la que forma parte, no es código detallado de leyes deducibles racionalmente, de reglas que se pueden determinar hasta en su detalle con una precisión inmediata y con la sola ayuda de la lógica, valederas para todas las circunstancias concretas de la historia; no hay, propiamente hablando, una casuística del derecho natural.

No existe en el derecho natural más que un número muy pequeño de leyes, cuya violación aparece de manera evidente como intrínsecamente contraria a la justicia y a la esencia de la naturaleza humana. Tales son, por ejemplo, los preceptos: "honra a tus padres", "no debes matar", "no debes robar", "no debes ser perjuro", "no debes calumniar".

En cuanto al contenido del derecho natural, comprende, propiamente hablando, como principios evidentes la norma "hay que evitar lo injusto" y la regla, tan antigua como respetable, "a cada quien lo suyo".

La unanimidad de todos los pueblos sólo existe en lo relativo a los principios primeros y a las conclusiones inmediatas. El derecho natural encierra, pues, las leyes arquitectónicas necesarias del edificio social.

La oposición entre el derecho natural y la ley positiva no es, en todo caso, una oposición necesaria, y la historia prueba que tal oposición no siempre ha existido. El derecho natural aspira a encarnarse en una formación positiva, aunque no deje de ser, ni aun en el momento en que lo realiza, la medida y la línea directriz de la ley positiva.

Todas las leyes positivas deben ser, de una manera o de otra, derivaciones o determinación del derecho natural. Una ley positiva que fuera injusta, pero que no contradijera al derecho natural en sus prescripciones negativas, no autorizaría, ni al juez ni al funcionario ni a los simples ciudadanos, a declarar la ley en cuestión desprovista de carácter obligatorio y de validez.

El derecho natural permanece oculto, por así decirlo, tras el telón del derecho positivo. Ello explica el hecho de que el derecho natural reaparezca en escena cada vez que el derecho positivo, a consecuencia de la evolución de las fuerzas vitales y de los cambios sufridos por el organismo social, tiende a convertirse en una injusticia objetiva.

El derecho natural no es el mero sentimiento de justicia, ni un código ideal de normas, sino el conjunto de criterios y principios racionales —supremos, evidentes, universales— que presiden y rigen la organización verdaderamente humana de la vida social, de acuerdo con las exigencias ontológicas del hombre.

Principios evidentes, supremos y universales son:

1. Dar y reconocer a otro lo que le es debido en justicia.
2. No causar al prójimo un daño injusto.
3. Cumplir las obligaciones, pagar las deudas, que no es sino consecuencia inmediata del deber de justicia que nos exige dar a cada quien lo suyo.
4. Asumir las consecuencias de nuestros actos frente al prójimo.
5. Respetar la vida y la persona.
6. No enriquecerse a costa de otro sin justa causa.
7. Devolver los depósitos.
8. No ser juez y parte en el mismo proceso.
9. No juzgar a nadie sin oírlo y darle oportunidad de probar defensas.
10. En el orden internacional, respetar los tratados *(pacta sunt servanda)*, la independencia y la igualdad de los estados, etcétera.

No se trata —expresa Rommen en conclusión— de dos órdenes o sistemas cerrados, sino de dos aspectos de una misma realidad. Esa realidad es el derecho, y sus dos aspectos o dimensiones son: lo natural o racional, y lo positivo o técnico. Todo derecho humano es a la vez positivo y racional, así como todo hombre es al mismo tiempo cuerpo y espíritu: lo positivo es el cuerpo del derecho; lo racional es su espíritu *[Derecho natural —historia-doctrina—,* Jus, México, 1950].

Para lograr la subordinación del Estado al derecho, no basta ningún control de derecho positivo. En la cima de todo control —hemos tenido oportunidad de verlo— tropezamos con aquello de: *Quis custodet custodem.* Sólo resta como control intrínseco, aunque extrapositivo, el derecho natural.

No es factible atribuir un poder omnímodo de carácter ético a la voluntad humana en cuanto elaboradora o constructora de normas e instituciones jurídicas. En esta raíz voluntarista estriba el error básico del positivismo jurídico. No basta la voluntad de los gobernantes para tornar valiosos los mandatos contradictorios de las más evidentes exigencias de la naturaleza racional, libre, social y axiotrópica del hombre. Todo orden jurídico positivo que suscita acatamiento vincula la exigencia racional, ética —principios rectores de la vida social en orden al perfeccionamiento de la persona humana— con la exigencia técnica (dato sociológico e histórico). Fuente y medida del derecho positivo, el derecho natural es, a la vez, un elemento integrante de tal derecho. Precisamente del derecho natural ostenta el derecho positivo su valor, su validez intrínseca.

Hacia un nuevo derecho natural. Lo que es justo por su propia esencia, en sí y por sí, posee una indeclinable tendencia a plasmarse en norma positiva, a realizarse en la vida social. No se pueden aceptar los meros datos históricos por ser históricos. Contra la tiranía de la historia se yergue siempre el derecho natural como contenido del orden justo: derechos fundamentales del hombre, máximas universales definitorias de "lo suyo" de cada cual. Si no hubiese un modo de obrar inmanente a la naturaleza del hombre, que marca un límite a su autodeterminación y traza la pauta de conducta para el cabal cumplimiento de la vocación humana, no habría instancias críticas para juzgar la historia; pero se sabe que en la esencia y en la existencia del hombre hay unas "constantes", una estructura permanente que sobrepasa las transformaciones históricas y los cambios culturales. Ciertamente, la utilidad general o el bien común es un elemento pragmático del orden natural, cuya experiencia no se puede desconocer; no obstante, las personas y los grupos intermedios tienen su fundamento en la condición humana con sus dimensiones constantes. De ahí la invariabilidad de los primeros principios del derecho natural, originario de la dimensión jurídica del hombre; pero existen otros principios que no provienen directamente de la dimensión jurídica del hombre, sino que se obtienen condicionadamente por la evolución sociocultural. Por eso es válido hablar de *derecho natural originario* y de *derecho natural derivado.*

En las ideas jurídicas de la ciencia y de la judicatura se descubre una clara continuidad, una conexión objetiva, una lógica inmanente. No hay que confundir la creatividad reglada, en el ámbito del derecho, con la arbitrariedad. Hoy día se habla de "la naturaleza de la cosa" que refigura la sentencia judicial, la cláusula contractual o principio para colmar una laguna de la ley. No puede procederse al perfeccionamiento del derecho sin apelar el derecho natural. Partiendo de exigencias éticas determinadas o de la naturaleza de la cosa, se llega al derecho anclado en la dimensión jurídica del hombre. La *otreidad* insta a reconocer al prójimo como un *alter ego*, tal como desearíamos ser reconocidos, respetados y auxiliados.

La problemática pregunta *quid ius* no puede contestarse, radicalmente, con base en ideologías políticas, porque éstas se sustentan en el derecho natural. Al preguntar ¿qué es el derecho?, se anda en pos del *goerechtes recht* (derecho justo) y no simplemente del *richtiges recht* (derecho correcto en sentido lógico formal). ¿Por qué existe el derecho y por qué resulta imprescindible en la existencia humana?, ¿cuáles son las claras y definidas medidas de valoración aplicables al comportamiento humano? Ningún derecho positivo del mundo es capaz de dar adecuada respuesta a estas tres preguntas básicas y acuciantes. La jurisprudencia podrá ser una traducción, en términos jurídicos, de valores morales, pero nunca podrá suministrar un criterio de valoración moral del derecho. Sin una estructura permanente del hombre —mínimo para formar parte de la especie humana— sería inexplicable ese conjunto de principios que rigen las condiciones de toda sociedad. El derecho es una de las relaciones más básicas e importantes de la vida social, de modo que donde hay sociedad organizada hay derecho. El derecho se preocupa del orden público e introduce principios morales en la vida social conforme lo requiere el bien común; a su vez el derecho natural es verdadero derecho porque posee el elemento esencial de alteridad y porque presenta la exigencia intencional de cumplirse positivamente. Al comprobar la existencia de una naturaleza social en el hombre, se reconoce la existencia del derecho natural. En el seno del derecho natural confluyen lo moral y lo social, lo jurídico y lo político. La sistemática observación sociológica de los hechos encamina al derecho a la plena realización de su *desideratum*. En este sentido, la sociología —que no constituye sistemas de pensamiento— es ciencia subordinada que auxilia, con buenas bases, la especulación iusnaturalista. Marchamos así hacia un nuevo derecho natural fundamentado en la dimensión jurídica del hombre, pero abierto —y en constante comercio— a la sistemática observación sociológica de los hechos. Los distintos sistemas de derecho positivo —que contienen el dato circunstancial, histórico, sociológico— no agotan ni pueden agotar el contenido ideal absoluto de la dimensión jurídica del hombre. De ahí la apelación constante a un derecho superior a toda ley escrita.

Todo derecho, para poder llamarse así, debe realizar cierto conjunto de principios jurídicos, realizados en el orden natural, óntico y axiológico del cosmos y anclados en la *lex aeterna,* en la inteligencia divina. Porque la regulación jurídica depende de la justicia intrínseca y no sólo del arbitrio, de la voluntad caprichosa.

La negación positivista del derecho natural entraña un absurdo; por una parte, toda la impositiva significa la elección de una posibilidad fáctica de comportamiento entre muchas otras. Ahora bien, al preferir esa pauta de comportamiento sobre otras posibles conductas, se hace referencia, necesariamente, a una valoración. No se trata de un simple hecho ayuno de significación, sino de una conducta elegida y preferida por su intencional referencia al valor justicia. Suprímase el valor justicia como referencia intencional del derecho positivo, y éste perderá todo su sentido y toda su validez intrínseca. Los principios fundamentales de la persona humana derivan de su eminente dignidad, en tanto que los derechos subjetivos públicos inalienables e imprescriptibles son meros corolarios de la eminente dignidad de la persona humana.

De la eminente dignidad de la persona humana se derivan corolarios: el derecho a la vida, la libertad individual —de pensamiento, de conciencia, de opinión y de expresión—, la seguridad y la libertad personal o garantías procesales, la libertad de contraer o no matrimonio, la libertad de elegir ocupación o profesión, la libertad de circulación, la inviolabilidad de la vida privada, la igualdad, la libertad de reunión y de asociación para fines lícitos, el derecho a la propiedad, el principio de la igualdad, los derechos democráticos, los llamados derechos sociales y el bienestar general. En todo caso, no debe haber libertad contra la libertad.

No creo que exista el *homo juridicus*, pero estoy convencido de que hay una *dimensión jurídica del hombre*. Por eso el derecho responde a una profunda necesidad humana arraigada en los estratos ónticos del ser humano. Porque el hombre es un *animal insecurum* busca la *seguridad en el derecho*. En este sentido, el derecho está al servicio —aunque no exclusivo— de la seguridad de la existencia humana; no puede haber vida social sin orden. Sabemos que hay conflictos, aspiraciones que se entrecruzan, pasiones que se desbordan; pero queremos tranquilidad en el orden, firmeza en nuestras posiciones, previsibilidad del comportamiento —y de sus efectos—, seguridad para saber a qué atenernos. Cuando el poder del amor disminuye y no vincula una comunidad, el orden jurídico evita la lucha caótica del *homo hominis lupus*. Gracias a la dimensión jurídica del hombre, las relaciones humanas se clasifican y se tranquilizan. No es que el derecho agote la cultura, pero ésta no podría existir sin el derecho, y aunque hasta ahora no haya podido eliminar del todo la violencia, la arbitrariedad, el odio destructor, por lo menos les ha puesto sitio desde la fortaleza de su justicia. Acaso nunca lleguemos a establecer, en la tierra, un continuo y verdadero *orden de paz*, pero seguiremos intentando *regular* las relaciones humanas en el marco de la familia, del Estado y de la comunidad internacional.

Aunque alguna vez haya estado ligado a valores tribales y étnicos, el derecho emerge y cobra importancia desde la personalidad del individuo. La autoconciencia de la dignidad personal en la vida social de las comunidades —que nunca llega a ser todo impersonal porque lleva la huella de la persona— hace crecer al derecho. Adviértase que en la autoconciencia de la dignidad personal en la vida social se da una veta jurídica del hombre, que llega a su cabal desarrollo, y en su núcleo esencial existen valores morales operantes: justicia, seguridad, bien común, respeto al prójimo, libertad, lealtad, veracidad, dignidad personal. Esta dimensión jurídica se enfrenta con la voluntad de poder —individual y grupal—, con la opresión en todas formas, con la injusticia sociopolítica, porque el derecho no se limita a mandar, sino que *enseña* la vida justa, *indica* el comportamiento debido, *cualifica* la acción. Cabe imaginar una ley, privada de sanción, que siga siendo ley: *pacta sunt servanda*. Al fin de cuentas, el derecho es primordialmente *dirección* y secundariamente *coerción*. El acento se desplaza del derecho mandado *(ius quia iussum)* al derecho como rectitud jurídica *(ius quia iustum)*. Y es que el derecho no se reduce a mandato ni radica, primariamente, en la voluntad, sino que es el acto de inteligencia: regla de vida social, medida de comportamientos. Partiendo de su normatividad axiológica se califican acciones particulares, situaciones y hechos concretos. El derecho es práctico y lógico, manda y cualifica; sin embargo, no todo mandato es una ley. De ahí la primacía de la *vis directiva* —elemento de justicia incorporada a la ley— sobre la *vis coactiva*.

De la dimensión jurídica del hombre surge el derecho que llega hasta nuestros días, con todas su complicaciones técnicas, con la prolijidad de categorías y figuras dominadas —en conexión esencial— por unas cuantas y altas ideas éticas. Hágase el intento de suprimir estas ideas éticas o valores y se habrá acabado con la esencia del fenómeno jurídico. Si la vida del hombre tiene una textura ética, el derecho no puede estar desvinculado del reino moral. Por imperativos morales nos sentimos impulsados a establecer un orden social libre y justo; ciertamente, el derecho no agota la eticidad. Los valores jurídicos ocupan una modesta porción de la ética, mientras que hay tareas morales de mayor envergadura; pero estas mismas tareas morales requieren, para su desarrollo libre, canales jurídicos. En el mundo de lo social, el derecho se presenta como uno de los fundamentos de la moralidad; las exigencias éticas de justicia, libertad y humanidad justifican la estructura jurídica. Mientras repudiemos el atropello, la violencia y la lucha caótica el derecho tendrá mucho que decir. Nos obliga porque está ubicado dentro de la eticidad. En la medida y regla que impera en el campo social rastreamos, desde lejos y con nostalgia, el significado del absoluto. Al derecho no le corresponde desentrañar la conexión significativa del todo.

La dimensión jurídica del hombre no puede desconocer la estructura permanente y general del ser humano —elemento nuclear—, ni el autoproyecto cambiante en situación histórica. Las leyes ontológicas del ser del hombre no son —no podrían ser— irrelevantes para el orden jurídico; a su vez, la esfera cultural-antropológica, con sus cambiantes proyectos, se refleja en las instituciones sociales. La contemplación jurídica debe tomar como base una imagen ideoexistencial del hombre; el debe-ser —comportarse— de una manera y no de otra descansa en el ser del hombre —cuerpo, psique, espíritu—. Una antropología integral está en la base de una antropología jurídica. El derecho no puede desconocer la estructura estratificada del hombre —estrato biológico, estrato psíquico, estrato espiritual— con su legalidad propia. Hay un sector jurídico que regula el "ser natural" del hombre y otro que versa sobre el ser espiritual. *Las normas jurídicas no pueden disponer comportamientos contra las leyes biológicas del hombre como ser vivo; más aún, deben favorecer los legítimos requerimientos del bios.* Los componentes psíquicos (base endotímica y estrato del yo) tienen particular interés para la estructura psicológica del comportamiento eficaz. Si el hombre es un ser abierto, no conformado por la naturaleza hasta el final, tiene que autodeterminarse con base en el espíritu sobre un orden jurídico. Responsable de sus hechos, culpable de sus transgresiones al orden jurídico, digno en cuanto a persona, el hombre posee *a nativitate* el derecho a la libertad existencial, el derecho de autoconformación y los derechos esenciales a la persona. El hombre en estado de proyecto social da origen a la norma jurídica. Si el jurista no sabe leer en la óntica integral del hombre, no verá el derecho, sino su sombra, en la letra de los códigos. Además de ser un ente axiotrópico, el hombre es un programa existencial valioso, un proyecto de poder y deber, una posibilidad de hacer y de exigir en el mundo, una libertad justamente delimitada por las otras libertades. Toda esta realidad de derecho emergente, toda esta dimensión jurídica del hombre, acaece antes que cristalicen las normas. Hay un poder hacer y un poder exigir intencionalmente referidos a la justicia —no a la arbitrariedad— que estructura el derecho. El derecho natural, cuyo fundamento y esencia me he permitido analizar a fondo, es base, soporte, del derecho a la vida y a la integridad corporal que ningún Estado puede desconocer.

2. LA PENA DE MUERTE ANTE EL DERECHO SUPRALEGAL INTRÍNSECAMENTE JUSTO

La cualidad de persona abraza todas las demás cualidades. La personalidad es la unión del elemento absoluto divino: entidad deiforme, teofánica y teotrópica, con elemento contingente y finito que se revela en la individualidad incanjeable, irrepetible, peculiar. El espíritu humano, que eleva al hombre por encima de su individualidad estrecha abre a su inteligencia el mundo de los principios lógicos, de las leyes morales, de las ideas internas del bien y de la verdad... Nuestro espíritu en su momento intelectivo nos señala los fines generales para nuestra voluntad. La razón nos da la conciencia de nuestra mismidad; nos permite distinguir la mismidad del sujeto de la del objeto; nos lleva a juzgar todos los actos y toda nuestra vida de conformidad con las leyes de la recta razón. La propia libertad es un producto de la unión de la razón con el principio individual de la voluntad. Hay un principio de dirección del *logos* sobre el *ethos*, pero la voluntad no es, como lo sostiene el intelectualismo socrático, meramente pasiva. En consecuencia, debe distinguirse la personalidad de la simple individualidad del delincuente.

La ley eterna entra en las condiciones del ser finito, puede oscurecerse y debilitarse pero seguirá siendo la fuerza por la que resulte factible conducir al hombre al origen supremo de toda vida y de toda verdad.

La personalidad humana, aun la del delincuente más

abyecto, tiene un carácter absoluto y sagrado por la religación con el ser divino y por la estructura del hombre que se mantiene —a pesar de todos los errores y de todas las culpas— con su estructura deiforme, teofánica y teotrópica. Esta estructura no se pierde jamás; por profunda que pueda ser la caída moral del delincuente, del hombre culpable, conserva fuerza para levantarse de nuevo. Ningún hombre, ningún juzgado, ningún tribunal tiene el derecho de calificar a un ser humano de incorregible. Cuando no se corrige, es por la falla de los medios que se hayan empleado o por la propia voluntad de reincidir en el error o en la culpa. La libertad opera, mientras que la incorregibilidad como fatalidad no existe.

La personalidad y la dignidad humana tienen un carácter absoluto y sagrado. Si la persona permanece como tal, con todos sus derechos fundamentales y naturales, el derecho a la vida y a la integridad corporal deberá respetarse en todas las situaciones y circunstancias de la vida.

Sólo un sensualismo extremo, un materialismo monista y un panteísmo grotesco pueden desconocer la personalidad y la dignidad del hombre. Si todo es sensaciones transformadas, materia que evoluciona o panteísmo que confunde y degrada a la dignidad, resulta explicable —nunca justificable— que se desconozca el derecho primordial a la vida y a la integridad corporal. En todos estos casos se niega estultamente la condición del espíritu, la responsabilidad moral y la inmortalidad personal.

El ser humano es, por su personalidad, un fin en sí mismo; en consecuencia, no puede ser tratado cósicamente como medio. Los romanos siempre sabios en derecho, derivaban el *caput* o la capacidad de derecho de la cualidad de la persona. La personalidad es la razón de la capacidad de derecho; a su vez, el derecho de la personalidad comprende el respeto, la conservación y el desarrollo —nunca el truncamiento— de la personalidad bajo todas las fases y en todas sus manifestaciones; hay un deber universal de abstenerse de toda lesión de este derecho. Nadie puede renunciar por contrato alguno de su derecho a la vida y a la integridad corporal. El hombre no puede enajenar su persona, ni su vida, ni su integridad personal; nadie tiene el derecho de tratar a la persona como una cosa suprimible o destruible. La personalidad es óntico-axiológica, y no un mero resultado de actos buenos o malos.

Pesa sobre las legislaciones el deber de reconocer el derecho de la personalidad bajo todas las relaciones esenciales. Una persona no puede estar sometida a otra en sus derechos fundamentales, ni se le debe tratar como un simple medio para un fin externo. Por ser un ente humano con toda la dignidad del humano, todo hombre tiene el derecho de reclamar una esfera de vida y de acción dentro del orden social; por otra parte, la unión sustancial de espíritu y cuerpo en el hombre constituye un principio independiente de la voluntad humana. No hay derecho alguno para anular la vida física, de modo que el derecho a la vida comprende la conservación, el respeto, la integridad y la salud. Sobre el Estado y los particulares pesa la responsabilidad de respetar la vida y de proteger a la persona contra los malos designios de los demás y contra la acción destructora de las autoridades penales. El primer germen de vida depositado en el seno de la madre tiene derecho a la existencia; en ese sentido, son injustos y punibles todos los actos que quiten al espíritu el ejercicio racional de sus facultades que le conviertan en estúpido o que le vuelvan loco, como también son injustos y debieran ser siempre punibles todos los actos que destruyan o mutilen miembros del cuerpo humano. La vida y la salud —bienes humanos generales— no son objeto de libre disposición por actos unilaterales de voluntad o por contratos.

La dignidad es el valor absoluto de la personalidad humana, resultado del principio divino del espíritu, que le confiere su carácter absoluto. Y este valor absoluto de la personalidad humana no puede perderse jamás.

Algunos iusnaturalistas de la época de la dictadura de Franco, en España —caso del profesor José Corts Grau, no exento de méritos académicos—, han pretendido sostener la licitud de matar delincuentes que corresponde al Estado. Vanamente intentan restringir el precepto evangélico "no matarás". Según esta manera de pensar, el precepto del Decálogo, "no matarás", sólo prohíbe matar a los inocentes por decisión privada; pero de este tajante precepto hace José Corts Grau una excepción: "La de eliminar al enemigo interior o exterior. Todo individuo es, en cierto modo, parte del organismo social; pues bien, si cualquiera de nosotros podemos y debemos amputar un miembro cuya infección determinaría la muerte o un grande quebranto, el bien de la sociedad puede en ciertos casos obligar a la eliminación de un miembro corrompido o peligroso" (*Principios del derecho natural,* Editora Nacional, Madrid, 1944, p. 100). Nótese la argumentación groseramente biologizante, de tipo aristotélico-tomista. A la persona humana, *sustancia individual de carácter racional,* no se le puede tratar, en su derecho personal a la vida, como si fuera un pedazo de pierna gangrenada que es preciso amputar. Hemos distinguido entre la esfera óntico-axiológica y la esfera moral del hombre. La dignidad de toda persona humana, así como su derecho a la vida física y a la vida moral, están en el ámbito de la esfera óntico-axiológica. El profesor Corts Grau olvida que la autoridad puede salvar o defender la vida y la paz de todos, sin recurrir a la supresión de los delincuentes. Supóngase que los crímenes cometidos por una persona le han convertido en un delincuente corruptor; aun así, ese delincuente —que debe ser segregado y no suprimido de la sociedad— no deja de ser persona, ni pierde su dignidad ontico-axiológica. Se dice que "todo individuo es, en cierto modo, parte del organismo social" (*op. cit.,* p. 100). Constituye un viejo error tratar a la sociedad como un organismo biológico, pues la sociedad es una pluralidad de seres inteligentes y libres, que juntos conviven y cooperan establemente en busca de un bien común. Adviértase que digo pluralidad de seres inteligentes y libres, mas no organismo. Bajo el presupuesto de que la sociedad fuese un mero organismo, resulta explicable que se diga —como lo hace José Corts Grau— que "cualquiera de nosotros podemos y debemos amputar un miembro cuya infección determinaría la muerte o un grave quebranto" (*ibídem).* Es cierto que la autoridad tiene la misión de velar por el bien común, pero eso no significa que pueda decretar la supresión del derecho natural e inalienable a la vida humana, so pretexto de "salvar o defender la vida y la paz de todos" *(loc. cit.)*.

No cabe confundir, como lo hicieron algunos autores clásicos españoles, las muertes ocasionadas por la legítima defensa y por la guerra defensiva con aquellas decretadas por los tribunales. En trances de extrema gravedad y peligrosidad, la sociedad puede defenderse privando de su libertad —temporal o perpetuamente— al delincuente que aún no se haya corregido y readaptado a la vida social. Santo Tomás de Aquino no parece advertir los medios con que cuenta la sociedad para defenderse de los delincuentes, sin recurrir a la pena de muerte; más aún, pasa por alto el derecho sagrado a la vida que tiene todo hombre por ser creatura de Dios.

Quiero destacar los textos principales que el Doctor Angélico aduce en su obra *Summa contra los gentiles* (tras la cita de cada texto vendrá la crítica): "El bien común es mejor que el bien particular de uno solo; en consecuencia, el bien particular de uno solo ha de sacrificarse para conservar el bien común. Pero la vida de algunos hombres perniciosos impide el bien común, que es la concordia de la sociedad humana. Luego tales hombres han de ser apartados de la sociedad humana mediante la muerte" *(Summa contra los gentiles*, 146, p. 511). *Crítica:* el bien común no es de mayor jerarquía que el bien personal. Hemos dicho que el bien común es un fin intermedio y, como tal, infravalente. Por encima del bien común está el destino eterno de la persona humana; además, resulta claro que el bien común aportado se traduce en bien común distribuido. En consecuencia, no cabe decir que el bien particular de una sola persona ha de sacrificarse para conservar el bien común. "Un bien común" que se cimentase en la violación de los derechos fundamentales de la persona humana, entre ellos el derecho a la vida física y a la integridad corporal, no es un auténtico bien común, sino un seudobien común. En el supuesto de que la vida de algunos hombres perniciosos impidiese la concordia de la sociedad, que para santo Tomás es el bien común —aunque la verdad es que el bien común constituye algo más que la mera concordia social—, habría que apartar a tales hombres de la sociedad respetándoles su vida.

> Así como el médico intenta con su actuación procurar la salud, que consiste en la concordia ordenada de los humores, así el jefe de la ciudad intenta con su actuación la paz, que consiste en la concordia de los ciudadanos; pero el médico corta justa y útilmente el miembro pútrido, si éste amenaza corromper al cuerpo. Según esto, justamente y sin pecado mata el jefe de la ciudad a los hombres perniciosos para que la paz de la misma no se altere *[op. cit.,* pp. 511-512].

Crítica: el gobernante no es un médico, sino un "tejedor de hilos humanos", como bellamente lo expresó Platón; el gobernante no puede matar a una persona como el médico corta el miembro putrefacto. El precepto "no matarás" no admite la excepción de las matanzas que realizan los jefes de la ciudad. Los hombres perniciosos pueden y deben quedar en la cárcel, mientras lo sigan siendo. "Porque la ley que dice *no matarás* —se añade poco después—, el reo de bestialidad será muerto." Con ello se da a entender que la muerte injusta está prohibida, lo cual se deduce también de las palabras del Señor, porque al decir: "Habéis oído que se dijo a los antiguos 'no matarás', pero yo os digo que quien se irrita contra su hermano...", etc. Y esto demuestra que la muerte que procede de la vida está prohibida, pero no la que obedece al celo por la justicia *(op. cit.,* p. 503). *Crítica:* san Mateo, en el *Nuevo Testamento,* recuerda el precepto de universal validez que deroga o supera la dureza de las permisiones del *Antiguo Testamento.* Los preceptos del amor al prójimo y del respeto sagrado a la vida humana, tan evangélicos, dejan muy atrás aquel reconocimiento de que el reo de bestialidad o zoofilia (acto sexual con un animal) será muerto. El amor al prójimo, incluido el enemigo, no distingue entre la muerte que procede de la ira y aquella que obedece al celo por la justicia. Al que peca por fornicación, por adulterio o por bestialidad no se le puede matar de ninguna manera. El propio santo Tomás advirtió que "mientras el hombre esté en el mundo puede hacerse mejor. Por tanto, no se le ha de separar del mundo por la muerte, sino que se le ha de conservar para que haga penitencia". Resulta extraño que se olviden o dejen atrás estas razones para tratar de justificar la muerte que se inflige a un prójimo, obedeciendo a un supuesto celo por la justicia.

> Y el que los malos puedan enmendarse mientras viven no es obstáculo para que se les pueda dar muerte justamente, porque el peligro que amenaza con su vida es mayor y más cierto que el bien que se espera de su enmienda. Además, los malos tienen en el momento mismo de la muerte poder para convertirse a Dios por la penitencia. Y si están obstinados en tal grado que ni aun entonces se aparta su corazón de la maldad, puede juzgarse con bastante probabilidad que nunca se corregirían de ella [*op. cit.*, p. 513].

Crítica: precisamente porque los malos pueden enmendarse mientras viven, hay que respetar la vida del delincuente sin suprimirla violentamente con la pena capital. El peligro del delincuente puede conjurarse con un buen sistema carcelario; además, el derecho primordial y fundamental a la vida no depende de que se enmiende "el malo". Aplicar la pena de muerte, tan taliónica en su origen y estructura, no es ocasión propicia para mover las almas a la conversión. En todo caso, el quinto mandamiento es también mandamiento de derecho natural.

Francisco Suárez, tan ilustre en materia de filosofía del derecho y jurisprudencia, se inscribe lamentablemente en la línea de los mortícolas o partidarios de la pena de muerte. Parece como si no se pudiese pensar en contrario, hasta antes de Beccaria. Empleando desafortunadamente la analogía entre la legítima defensa de la persona y la defensa del orden en la República, dirá: "Si Respublica non posset se a sceleratis debito modo defendere, eos puniendo et, quando necesse est, occidendo, gravissime ab iis vexaretur" (*De legibus*, II, 14). El derecho natural no ha sido instituido y creado por convenios ni por necesidades de la defensa social de la República, sino que es anterior y superior a cualquier derecho positivo. La familia, la nación, el Estado, la comunidad internacional, son comunidades no absolutas ni supremas; consiguientemente, no pueden absorber a la persona individual y a sus derechos fundamentales. Aun cuando todas esas comunidades tienen un fin específico dotado de un valor propio en la jerarquía de los fines, el fin eterno de la persona, su salvación, le confiere una trascendencia suprema. De esa trascendencia suprema de cada persona humana derivan, en su relación con el Estado, los derechos naturales. Las leyes positivas sólo reconocen un derecho intrínsecamente justo, pero no lo crean. La ley positiva puede, en el mejor de los casos, explicitar el derecho a la vida y a la integridad corporal, pero ese derecho no vale porque se ha reconocido por la ley positiva, sino que lo reconocen las buenas legislaciones porque posee un valor por sí mismo. Francisco Suárez no parece advertir que el derecho a la vida y a la integridad corporal es un derecho primordial y fundamental de la persona, que nunca puede desconocer el Estado. Cada vez que el Estado suprime el derecho a la vida con la pena de muerte destruye su propia sustancia jurídica. ¿Acaso la justicia —junto con la seguridad y el bien común— no es el fundamento del Estado?

El derecho natural, si bien se capta en sus principios supremos y evidentes, instará siempre a respetar la vida humana, a no matar en cualesquiera de sus formas. Ahora bien, con la pena de muerte se destruye *ex profeso* la naturaleza del hombre, que no es obra del Estado, sino obra exclusiva de Dios. Ha de reprimir el delito, que es obra del hombre, pero respetando cada vida humana, que es obra de Dios. La ley del perdón al enemigo, aboliendo la antañona ley del talión, siempre será más humana, más justa, que cualquier pena capital aplicada por supuestas razones de defensa social.

3. Intangible dignidad óntico-axiológica de la persona humana y de su derecho a la vida y a la integridad corporal

Los vuelos extraordinarios de la imaginación humana, puestos al servicio de la destrucción, han traído a este planeta la crueldad de la pena capital, pero se trata no sólo de la creación de una crueldad inhumana, sino también de un atentado a la intangibilidad de la dignidad óntico-axiológica de la persona humana y de su derecho a la vida y a la integridad corporal. Hay muchas formas para torturar y múltiples maneras de matar, pero lo decisivo es que los llamados estados de derecho —no se diga las dictaduras— se manchen las manos con los homicidios estatales. No me interesa el llamado progreso moral en las formas y métodos de matar, cuando se aplica la pena capital. Cada muerte es una inescrutable transgresión al sagrado derecho a la vida que se recibió de Quien hace que haya vida. ¿De qué progreso se habla cuando los hombres matan a otros que mataron? El derecho penal no puede quedar cumplimentado con sólo otorgar y asegurar derechos a los procesados y a los condenados, si mantiene la pena de muerte. Si los métodos para aplicar la pena capital son de barbarie o más refinados o civilizados, importa muy poco para una civilización del amor que repudia los estados mortícolas. Nada ha cambiado mientras se mantenga en un código penal la pena de muerte. Cualquier procedimiento de matar resulta macabro, monstruoso. Nunca se "mata por justicia". En el caso de la legítima defensa no se pretendía matar —aunque la muerte del injusto agresor haya sobrevenido—; lo que se quería era defender una vida —la propia— legítimamente.

Parece mentira que en estas postrimerías del siglo xx todavía exista la misma estructura de venganza que existió desde la barbarie más primitiva. Entre fuertes y débiles, la estructura de poder se inclina, en la aplicación de la ley, con una marca de innegable desigualdad. Al aplicar la pena de muerte en cualesquiera de sus múltiples formas, se está cosificando al hombre. Su intangible dignidad óntico-axiológica se convierte en cosa incómoda que es menester eliminar a toda costa. Extraña paradoja: para librarnos de la violencia se ejerce la violencia, se recurre a matar a los que mataron para poner de relieve que está mal matar. El horror de la silla eléctrica o de la cámara de gas —pretendidos adelantos técnicos— convierten los segundos de los reos en tiempo cualitativo eterno.

Cuesta trabajo entender cómo en un siglo que habla de suprimir la crueldad, el sufrimiento, en todas sus dimensiones, se mantenga lo que está mal de raíz, lo que atenta a la dignidad óntico-axiológica de la persona humana: la pena de muerte. No es posible "un proceso de humanización" por el camino de la inhumanidad de la pena que destruye la vida y el derecho a la vida que tenía esa persona. Se habla de progreso cuando hay un "regreso" a la *era taliónica*. La humanización de los abolicionistas choca de frente con la deshumanización de los mortícolas. Cien países, aproximadamente, conservan la barbarie mortícola, mientras que 35 han abolido la pena de muerte; pero los abolicionistas vamos ganando terreno, día a día, en las legislaciones y en la conciencia de los hombres. Múltiples razones están de nuestra parte: ante todo, el derecho natural a la vida, el derecho intrínsecamente justo de no ser privado de la vida, nos acompañará siempre como derecho. No importa que sea transgredido el derecho una o mil veces, la verdadera norma no pierde su normatividad por todas las transgresiones habidas y por haber.

Los mortícolas jamás podrán negar sensatamente la posibilidad del error judicial. Este solo argumento, si no hubiese otros mejores, bastaría para acabar con la bárbara pena capital.

Si lo que se pretende es proteger a la sociedad, la cadena perpetua sería suficiente. ¡Cuántos pobres que no saben defenderse, ni tienen dinero para pagar buenos abogados, sucumben a las injusticias de los estados y terminan sus vidas en el paredón, en la silla eléctrica o en la cámara de gas! ¡Cuántos ricos, ricos también en delitos, no pisan jamás la cárcel! ¿Para quién es más fuerte la amenaza de la pena de muerte? ¿Es igual para todos?

No escasean los delincuentes que se han sentido invitados a cometer delitos por el ejemplo de los reos que sufrieron la pena de muerte. El poder criminógeno de la pena de muerte se ha convertido en una extraña paradoja.

En las legislaciones mortícolas, gran parte de los crímenes se cometen por psicópatas que escapan a la pena de muerte. ¡Cuántos azares en la aplicación de la pena capital y cuántas esperas y muertes siniestras por la desvergonzada violación del derecho fundamental a la vida!

Ética, religión y derecho natural están acordes en reconocer el carácter inviolable de la vida humana. *El respeto a la vida es imperativo ético, principio religioso y norma del derecho natural. La vida humana es éticamente intocable, por razones de su propia humanidad, pero no sólo por ellas, sino por el origen o fundamento divino que la propia filosofía constata con la teoría de la religación de un ser fundamentado a un Ser fundamental y fundamentante.* No se requiere hacer teología dogmática para llegar a la patente de esta verdad. Hay algo, en cada ser humano, que trasciende la pura naturaleza físico-biológica, algo espiritual que los antiguos llamaron *humanitas* y que está más allá del ciego universo físico. La *dignidad* de un ser *deiforme*, *teofánico* y *teotrópico* confiere un *plus* a la sola naturaleza. El hombre es el único ser que reconoce al hombre su dignidad intangible, inviolable, inalienable, imprescriptible. El hombre sabe que el otro hombre —su prójimo— no es utilizable ni sustituible, ni es "medio" para ningún "fin" extraño a su ser, ni es cosa que se pueda intervenir o truncar en su entidad. Porque su entidad es intimidad y vida que trasciende lo biológico, porque ningún castigo puede vulnerar los infranqueables límites de la dignidad de un ser deiforme, teofánico y teotrópico.

La vida humana es posibilidad, pero no mera posibilidad, sino aquella que se sustenta en un acto. Un sujeto indeterminado o libre, capaz —hasta el último momento de su vida— de tentación, arrepentimiento y conversión es lo que olvidaron —o no tomaron en cuenta debidamente— santo Tomás, Vitoria y Suárez. Virtudes y vicios en el ser humano no son algo estático, inerte, sino móvil, dinámico.

Aristóteles —tan poco poético, la mayoría de las veces—
dice que toda virtud "tiembla", manifiesta su precariedad
cuando pasa al vicio. Siempre hay tentaciones para el
hombre justo e intachable y esperanza de redención para
el delincuente más empedernido. Siempre es posible para el hombre la "caída" o la *metanoia*. Por eso la doctora
Juliana González advierte en su obra: "No hay hombres
pura y absolutamente buenos o malos. Nadie está libre de
culpa y toda ética conlleva la conciencia de la impureza
humana y de la consecuente necesidad de comprensión,
perdón y tolerancia" ("Razones éticas contra la pena de
muerte", en *Memoria del Coloquio Internacional: La pena de
muerte. Un enfoque pluridisciplinario*, Comisión Nacional
de Derechos Humanos, Instituto de Investigaciones Jurídicas de la Universidad Nacional Autónoma de México, 1993,
p. 86). Qué lamentable condición humana de los jueces y de
los legisladores qué se olvidan de su propia impureza humana, de la necesidad de todo prójimo —incluidos ellos—,
necesitado de comprensión y de respeto a su dignidad. *No
hablo de perdón y de tolerancia a los delitos, que deben ser
justamente penados, sino de tolerancia y respeto al delincuente que los cometió. Porque a fin de cuentas, tan persona
humana es el legislador o el juez como el delincuente.* Legisladores y jueces suelen olvidar, además, que la miseria, la
ignorancia y la enfermedad son factores, en alguna manera determinantes, en el crimen que avanza dentro de las
estructuras sociales injustas.

Es preciso que se repare, que se restablezca la justicia;
para eso está el derecho penal. El ilustre Franz von Liszt,
maestro indiscutible de la escuela alemana y uno de los
más grandes penalistas en el siglo XX, ha definido el derecho penal *(Strafrecht)* como "el conjunto de reglas jurídicas establecidas por el Estado que asocian el crimen, como
hecho, a la pena, como legítima consecuencia". Nosotros
no negaremos jamás la pena como legítima consecuencia
del crimen. Sabemos que "el *crimen*, como hecho perte-
neciente al derecho penal, constituye una subespecie particular de lo injusto (del delito), es decir, la acción culpable
e ilegal" (Franz von Liszt, *Tratado de derecho penal,*

Editora Reuz, Madrid, t. I, p. 5). El conocimiento de la pena, como uno de los medios para la lucha contra el crimen, es materia técnico-jurídica puesta en manos del Estado; pero la llamada pena capital nos lleva más allá del Estado y del derecho vigente. Toda pena debe tener un fundamento jurídico intrínsecamente justo. No podemos soslayar los fines del poder penal, ni eludir el origen y la naturaleza del crimen; de ahí la necesidad, como bien lo advierte Franz von Liszt, de las soluciones científicas de estas cuestiones, que son "objeto de la política criminal, que estriba en la criminología y la penología" *(op. cit.,* p. 7). ¿Cuál es el derecho que debe regir?, ¿cómo aplicarlo de acuerdo con *su fin,* a los casos particulares? Los buenos principios de la política criminal auxilian en este cometido. La pena de muerte resulta innecesaria, ineficaz, inútil e injusta porque trasciende, dolorosamente, a los familiares. Franz von Liszt advierte:

> *La pena* es, según el derecho vigente, el mal que el juez penal inflige al delincuente, a causa del delito, para expresar la reprobación social con respecto al acto y al autor. *Dos* caracteres esenciales forman, pues, el concepto de la pena: 1° es una lección sufrida por el autor en sus intereses jurídicamente protegidos, una intromisión en la vida, la libertad, la propiedad, o el honor del delincuente, y 2° es, al mismo tiempo, una reprobación tangible, del acto y del autor. En el primer carácter reside el efecto preventivo-especial de la pena; en el segundo, el efecto preventivo general [*op. cit.,* tomo III, p. 197].

Hemos dicho que la pena de muerte es una pena trascendental, porque trasciende la vida en el honor de los hijos, del cónyuge, de los familiares, del reo, y esto es injusto.

Está muy bien que se repare, que se restablezca, el orden quebrantado; pero está muy mal que la pena, que debiera transcurrir dentro del ámbito de la existencia humana, sea lanzada al abismo de la supresión de la vida, porque hay un abismo entre el castigo y la muerte. Sólo los mortícolas pueden ser partidarios de abandonar la penología del castigo en aras de la "cultura" de la muerte. Advierto, en nuestro tiempo, un sano impulso para romper el esquema reactivo taliónico y marchar con otras fuerzas creativas hacia la cultura de la no violencia.

Para invalidar el poder destructor del criminal no cabe responder con otro poder destructor y violento. ¡Y que no se nos venga a decir que se puede matar con "suavidad" y con "ciencia"! Matar supone una enorme tortura por una inocultable crueldad, un terrible sufrimiento para el reo y para sus familiares. Nada vale cambiar las modalidades del sufrimiento humano, si siempre culminarán en la tortura de la muerte. *Las vidas perdidas no se remedian con otras vidas perdidas.* El futuro próximo, si las cosas marchan bien, nos llevará a una sociosíntesis pacífica y amorosa, una sociosíntesis no violenta que buscará alternativas en las "instituciones penitenciarias humanizadas", en los "procedimientos correctivos de educación", en la "apertura de opciones existenciales para el delincuente". La sociedad del futuro, esperémoslo así, se orientará hacia la prevención y la regeneración. Sólo así se mantendrá la dignidad y la humanidad del ser humano, por "inhumano" que haya sido en su comportamiento.

Si la pena de muerte no permite reparar los posibles y frecuentes errores judiciales, si no intimida a los delincuentes potenciales, ni reduce significativamente la criminalidad grave, ¿por qué hay esa obstinación, en los mortícolas, de que perdure? Resulta inicuo condenar a muerte —como se ha hecho en los Estados Unidos— a menores de edad y a enfermos mentales.

Pensando dentro del marco de su doctrina del *contrato social*, Juan Jacobo Rousseau sostuvo que la sociedad tenía derecho de matar a los delincuentes, porque con el contrato social el ciudadano acepta que si se comete un delito tiene que pagar cualquier consecuencia que fije la "volonté generale". Beccaria, quien también era partidario de la doctrina del contrato social, replicaba al fundador: no hay ningún hombre que racionalmente conceda a otro hombre, simplemente porque está en el gobierno, un poder sobre la existencia y la muerte. Independientemente de concesiones, que no se dan, resulta intrínsecamente injusto violar el derecho fundamental, natural, primario, a la existencia y a la integridad corporal. Una pena irreversible es una mala pena. ¿Dónde están los gobernantes omnipotentes que pueden revivir a los muertos, tras los errores judiciales? Lo más horroroso de la pena de muerte es que es un crimen no pasional, consciente, administrado, admitido y aplicado. Cuando leo y escribo sobre la pena de muerte, lo hago siempre con un sentido ético insoslayable y con una carga emotiva que no puedo ocultar. Porque la pena de muerte no es, simplemente, un problema de sistemas jurídicos positivos o de estadísticas. Se suele pensar, con la vieja *mentalidad veterotestamentaria,* que el fiscal o el agente del Ministerio Público es un vengador de la sociedad. En la legislación criminal del siglo XIX, se hablaba en Inglaterra del "código sangriento", porque prevenía la pena de muerte para más de 200 delitos y crímenes. Seguramente se ha reducido el número de delitos que merecen la pena capital en varias decenas de países. Es un error pensar que por medio del terror puede obtenerse la protección de la sociedad, pues el terror endurece a los criminales potenciales. La pena de muerte no es la única ni la verdadera defensa contra el crimen.

Hay tres objetivos que se trata de cumplimentar con toda pena: *a)* el castigo, *b)* la protección a la sociedad por medio de la ejemplaridad, y *c)* la enmienda del criminal. *Como castigo, la pena de muerte no admite grados y es irreversible. Como protección de la sociedad, la experiencia demuestra que la pena de muerte no resulta ejemplar. Como enmienda del criminal, la pena de muerte resulta absurda porque mata precisamente a quien trata de enmendarse.*

Arthur Koestler y Albert Camus escriben, con profundo sentido cristiano: "Aunque todos los hombres que se sirven de la pluma se convirtieran en comendadores de las *Escrituras,* todos sus esfuerzos no llegarían a convencerme de que la pena de muerte es una medida cristiana... Si existiera un texto que justificara esa pretensión, yo lamentaría la autoridad de un fragmento semejante para atenerme a la enseñanza que ofrece la persona misma del Redentor y al sentido profundo de Su religión" (*La pena de muerte,* Emecé Editores, Buenos Aires, 1960, p. 105).

Líneas adelante, Koestler, agudo escritor inglés, apunta irónicamente: "En el fondo de cada hombre civilizado se oculta un hombrecito de la Edad de Piedra, pronto para el robo y la violación, y que reclama a grandes gritos un ojo por ojo. Pero sería mejor que ese pequeño personaje cubierto con pieles de animales no inspirara la ley de nuestro país" (*ibid.*, p. 106). Sería mejor que ese "hombrecito" de la Edad de Piedra, oculto en el fondo de cada hombre civilizado, no inspirara jamás las leyes no sólo en Inglaterra, sino también en todos los países del mundo.

Siempre he sido partidario acérrimo de la libertad con nervio teleológico; pero aun así, reconozco la importancia de los estudios sobre los orígenes sociales de la criminalidad, sobre la influencia del código genético y del medio ambiente en el comportamiento humano. Siempre que exista una esperanza razonable de enmienda de parte del culpable, el sistema penal deberá buscar la enmienda y tener en cuenta las circunstancias atenuantes. Sólo así, la pena resultará proporcional al delito; no hay un solo castigo para un crimen. La responsabilidad puede variar en proporciones notables, mientras la pena de muerte permanece inflexible; en este sentido cabe decir que la pena de muerte no sólo es radicalmente injusta, sino además *torpe* por excluir toda posibilidad de adecuar el castigo a la responsabilidad.

La pena de muerte, lejos de reparar la ofensa hecha a la sociedad, agrega un nuevo asesinato —revestido de falsa legalidad— al asesinato anterior. No creo que ningún juez sensato piense que con la pena de muerte que aplica se suprimirán los posibles crímenes del futuro. Ningún asesino, decidido a serlo, ha retrocedido ante la pena capital. Si el espectáculo de la pena de muerte resulta repugnante, es porque toda privación de vida nos aterroriza. Las autoridades tratan de suprimir el horror del espectáculo. ¿Por qué? "Hay que matar públicamente o confesar que uno no se siente autorizado a matar. Si la sociedad justifica la pena de muerte por la necesidad del ejemplo, debe justificarse ella misma prestando la publicidad necesaria", como bien reclama Albert Camus.

Aunque la verdad no depende de la estadística, sino la estadística depende de la verdad, siempre resulta útil acudir a las estadísticas para mostrar la falta de ejemplaridad de la pena de muerte. En Inglaterra, de 250 ahorcados, 170 habrían asistido antes personalmente a 102 ejecuciones capitales. A fines del siglo pasado, de 167 condenados a muerte, que desfilaron por la prisión Briston, 164 habían asistido a los espectáculos macabros de la pena capital. Tanto en los países abolicionistas como en los partidarios de la pena capital, la criminalidad se ha mantenido a pesar de todas las numerosas aplicaciones de dicha pena. En el informe del Select Committee inglés, de 1930, y la Comisión Real Inglesa que ha continuado el estudio recientemente se concluye: "Todas las estadísticas que hemos examinado nos confirman que la abolición de la pena de muerte no ha provocado un aumento de crímenes".

La pena de muerte mata, castiga, pero nada previene. A veces, suscita el instituto del crimen: sancionar sin prevenir; es simple venganza taliónica. La respuesta taliónica, tan vieja como el hombre, es magistralmente descrita y criticada por Albert Camus y Arthur Koestler:

Quien me hizo mal debe recibir mal; el que me reventó un ojo, debe quedarse tuerto; en fin, el que me mató debe morir. Se trata de un sentimiento, y particularmente violento, no de un principio; el talión es de la categoría de la naturaleza y del instinto, no de la categoría de la ley. La ley, por definición, no puede obedecer a las mismas reglas que la naturaleza. Si el crimen está en la naturaleza del hombre, la ley no está hecha para imitar o reproducir esa naturaleza. Está hecha para corregirla. El talión, entonces, se limita a ratificar y a dar fuerza de ley a un puro movimiento de naturaleza [*La pena de muerte, op. cit.,* p. 134].

La dignidad de la ley, viene de ser un precepto justo, no está para imitar o reproducir los bajos instintos naturales de venganza. *La burda aritmética del talión no funciona en múltiples casos;* valgan unos cuantos: si se aplicara siempre la ley del talión, habría que incendiar la casa del incendiario y hacer estallar un coche bomba en la casa del terrorista.

Ser condenado a la pena de muerte es algo más terrible que la muerte misma, impuesta por la pena capital. La tortura de la espera, la desesperación instintiva, la reglamentación de la pena de muerte, supera la imaginación de los torpes legisladores. Antes de morir, el hombre ya está casi destruido. Muere dos veces, aunque sólo se le haya condenado a morir una sola vez.

¿Hay algún juez que pueda estar seguro de que no ha mandado matar más que a los delincuentes irreductibles? El crimen demasiado castigado y la inocencia condenada mancillan a los jueces, a los tribunales y a los legisladores de los países en los que existe la pena de muerte. La justicia, la lógica y el realismo, de consuno, piden su abolición.

Nadie puede afirmar, con absoluta seguridad, que un delincuente determinado no tiene ninguna posibilidad de enmendarse. El mal que arroja en el mundo ese delincuente no se acaba con el estéril sacrificio de la vida de ese criminal; pero además está su primordial derecho a vivir.

Este derecho a vivir, que coincide con la posibilidad de reparación, es el derecho natural de todo hombre, aun del peor. El último de los criminales y el más íntegro de los jueces están uno al lado del otro, igualmente miserables y solidarios. Sin este derecho, la vida moral es estrictamente imposible. Ninguno de los otros en particular está autorizado —sostiene justamente Camus— a desesperar de un solo hombre, sino después de su muerte, que transforma su vida en destino y permite entonces el juicio definitivo (*ibid.*, p. 153).

Los partidarios de la pena de muerte piden la liquidación de las cuentas cuando el acreedor está todavía vivo. Decretar la muerte de un prójimo, por malo que sea, es quebrantar la solidaridad indiscutible que tenemos los humanos en el derecho a la vida y a la integridad corporal.

La *sociolatría* lleva a extremos inauditos. "Nuestra sociedad se ha vuelto tan mala y tan criminal sólo por haberse elegido a sí misma como último fin y por respetar únicamente su propia conservación o su éxito en la historia. Ella es profana, por supuesto, pero comenzó constituyéndose en el siglo XIX un *ersatz* de religión proponiéndose ella misma como objeto de adoración" (*ibídem*, p. 158). Los verdugos, los matanceros, se han convertido en respetables funcionarios. ¡Cómo vamos a poder seguir llamando *sagrada* a la vida de un hombre cuando se piensa y se legisla que es útil matarlo! Los partidarios de los crímenes de Estado no se dan cuenta de que la persona humana está por encima del Estado. Es curioso advertir, cómo un pensador ateo, como Albert Camus, reconoce, por espíritu de justicia, el espíritu sobrenatural de la religión cristiana: "Que no se mate a Caín, pero que conserve a los ojos de los hombres un signo de reprobación, tal es como, en todo caso, la lección que debemos extraer del *Antiguo Testamento*, sin hablar de los *Evangelios*, antes de inspirarnos en los crueles ejemplos de la ley mosaica" (ibid., p. 163). Cada pena de muerte que se aplica es un ultraje infligido a la persona y al cuerpo del hombre, que no es un simple objeto.

El derecho a la vida no se pierde nunca. ¿Por qué? Porque es una facultad inherente a la constitución de todo ser humano. El derecho a conservar la existencia, la integridad física, no caduca, no se interrumpe, no termina jamás en la etapa de itinerante. Surge desde el momento de la concepción, que es el principio de la existencia, y permanece como atributo primario y esencial de la persona. Todos los demás derechos humanos están subordinados a este derecho, primigenio y fundamental, el cual se funda en la norma natural. El derecho natural es una exigencia y una parte de la ley moral. Si el orden moral no fuese —como lo es— el fundamento del orden jurídico y del orden político, ambos órdenes perderían su normatividad, su justicia, su responsabilidad. El orden jurídico brota del orden moral; pero la ley ética se cumple, en buena parte, con el ejercicio del derecho. El derecho natural exige la determinación del derecho positivo, que sólo puede existir en la sociedad política. Hay un encadenamiento insoslayable: el orden jurídico se funda en el orden moral y éste en el Ser Absoluto, que es Ley Eterna. La pena de muerte, contraria al derecho natural, a la existencia y a la integridad física, no puede evadir el rigor de la articulación orgánica que existe entre la ley moral, el derecho natural y la constitución de la sociedad política. *La privación de la vida por la pena de muerte transgrede el orden religioso, el orden moral y el orden jurídico natural.*

La continuidad de la existencia se prolonga hacia adelante en la subsistencia. Subsistir es permanecer en el ser con todas sus implicaciones, es prolongar la vida en el tiempo hasta entregársela a quien nos la dio. Esta subsistencia —permanencia en el ser— proviene del constitutivo formal del hombre: la persona. No es cuestión de estatuto jurídico o de simple ocurrencia de algún ideólogo ingenioso. La persona, en tanto que persona, existe y subsiste sin que se le pueda arrebatar su derecho a ser y permanecer en el ser. Una persona existe con todos los atributos que surgen de su esencia humana: deiforme, teofánica y teotrópica.

Porque tenemos el derecho inalienable a la existencia y a la subsistencia, podemos tener el ejercicio de todos los derechos posibles, el derecho a progresar en la actividad que se ejerce y, sobre todo, el derecho a conseguir el último fin del ser humano.

Si no hubiese naturaleza humana, como afirma falazmente Jean-Paul Sartre, nada sería debido a nadie, sino por absurda imposición estatal. Suprimamos la ley ética y el derecho natural y todo quedaría librado a la *praxis* brutal e inhumana de un poder totalitario.

La naturaleza humana no es fundamento último, porque no se funda a sí misma. El fundamento de la ilicitud de la pena de muerte tiene que retroceder a una razón o un fundamento absoluto, esto es, el Ser fundamental y fundamentante. La voluntad de poder no puede ni debe transgredir el precepto primario *no matarás*, el cual merece un respeto absoluto porque no tiene su origen en la voluntad —imperfecta, limitada, finita— del hombre. Al reconocer el carácter absoluto de la ley moral, se está confesando —aunque se trate de un agnóstico— la religación a un Ser fundamental y fundamentante, Ser subsistente por Sí mismo, Acto Puro de Existir, infinito y perfecto. Por ese ser infinito y perfecto, todo lo justo es justo y todo deber ser debe ser. Las mudables decisiones de los legisladores y los jueces no afectan en nada esa fundamentación del deber ser y de la justicia.

Los partidarios de la pena de muerte, al atentar contra el derecho primario y fundamental a la vida, parece como si castraran al hombre en sus diversas dimensiones. Por lo visto, a un delincuente ya no se le podría considerar un ser digno y vocado a la eternidad. Su miopía de mortícola no le permite ver, más allá de la esfera moral concreta, la esfera óntica de la dignidad humana. Al *suprimir* esta *dignidad deiforme, teofánica y teotrópica*, convierten al hombre en una piltrafa, en una bestia salvaje. ¡Gravísimo error metafísico y ético! Porque la dignidad del hombre es la *dignidad* de *venir de*, de *manifestar a* y de *ir hacia* Dios. Ningún otro ser, en el universo visible, le supera en dignidad, y sus derechos fundamentales —entre ellos, y en primer término, el derecho a la vida— son inherentes a su ser de persona humana digna y con vocación eterna.

La *estatolatría*, que en nuestro tiempo ha adquirido contornos extraordinarios, lleva a considerar a la persona humana "como una cosa que no tiene más figura que la que le dibuja el Estado", advierte lúcidamente el doctor Pablo A. Ramella *(Los derechos humanos*, Ediciones Depalma, Buenos Aires, 1980, p. 11). Vale la pena recordar —como lo hace nuestro colega y cordial amigo argentino— que la ley natural "es de tal índole —según Suárez— que 'ninguna potestad humana ni la pontificia puede abrogar algún precepto propio' de ella 'ni disminuirla propiamente y en sí mismo ni dispensar de él'" (Pablo Ramella, *op. cit.*, p. 11). El básico derecho a la vida, condición indispensable de todos los demás derechos, es el derecho humano primordial, mínimo y fundamental. Está inseparablemente unido a la existencia y a la plenitud que el hombre puede alcanzar.

No quiero perder la esperanza de que la sabiduría y la civilización del amor se lleguen a imponer a los responsables del porvenir de nuestros estados terrenales. Si la muerte no es excluida de la ley, no habrá paz auténtica y durable, ni tranquilidad de conciencia.

El hombre es cosa sagrada para el hombre *(homo homini sacra res)* reza un adagio de Séneca. La lucha por la salvaguarda de la vida humana, aun en el caso de los más torvos delincuentes, constituye una alta y honrosa tarea.

¡Bienaventurados los constructores de la vida, los que salvan con su ciencia o con su consejo otras vidas, los que exaltan lo sagrado que hay en la creatura marcada con el sello de un espíritu!

ÍNDICE ONOMÁSTICO

ÍNDICE GENERAL

Este libro se terminó de imprimir y encuadernar en el mes de diciembre de 1998 en Impresora y Encuadernadora Progreso, S. A. de C. V. (IEPSA), Calz. de San Lorenzo, 244; 09830 México, D. F. Se tiraron 2 000 ejemplares.